蜂鸟

无畏向前 勇于后退

第十八届 全国新概念作文获奖者作品

THE EIGHTEENTH
NATIONAL NEW CONCEPT WINNERS

欧阳 主编

B卷

灰鸟

百花洲文艺出版社
BAIHUAZHOU LITERATURE AND ART PRESS

图书在版编目（CIP）数据

第十八届全国新概念作文获奖者作品．B卷 / 欧阳主编．— 南昌：百花洲文艺出版社，2016.9

ISBN 978-7-5500-1937-9

Ⅰ．①第… Ⅱ．①欧… Ⅲ．①作文 - 中学 - 选集 Ⅳ．① H194.5

中国版本图书馆 CIP 数据核字（2016）第 233249 号

第十八届全国新概念作文获奖者作品．B卷

欧　阳　主编

出 版 人　姚雪雪　　出 品 人　柯利明　林苑中
特约策划　方　达　　责任编辑　臧利娟　周振明
装帧设计　7 拾 3 号工作室　　责任印制　张军伟

出 版 者　百花洲文艺出版社
社　　址　南昌市红谷滩世贸路 898 号博能中心 A 座 20 楼　　邮编：330038
电　　话　0791-86895108（发行热线）0791-86894790（编辑热线）
网　　址　http：//www.bhzwy.com
经　　销　全国新华书店
印　　刷　北京彩虹伟业印刷有限公司
开　　本　1/16　　710mm × 980mm
印　　张　16.5　　字　　数　250 千字
版　　次　2016 年 12 月第 1 版　　印　　次　2016 年 12 月第 1 次印刷
书　　号　ISBN 978-7-5500-1937-9
定　　价　29.80 元

赣版权登字：05-2016-313

contents

目录

蜂　　　　　鸟

新 / 概 / 念

1 重点推荐　局外人

严冬一封锁了大地的时候，则大地满地裂着口。从南到北，从东到西，几尺长的，一丈长的，还有好几丈长的，它们毫无方向地，便随时随地，只要严冬一到，大地就裂开口了。

——萧红

2 灰鸟

在那个古老的不再回来的夏日
无论我如何去追索
年轻的你只如云影掠过
而你微笑的面容极浅极淡

——席慕蓉

“你终于跑得比我快了。”这是灰鸟对我说过的最动听的话。

路灯和车灯前可以看见连绵的雨丝飞舞在空中，像银针被天空随意撒向地面。天空不在乎大地会不会疼。

你从未远离过我的身边。

3 如今

如果你认识从前的我，那么你就会原谅现在的我。

——张爱玲

不管是无心，或是有心，痕迹却会留下很久，久到也许需要耗费掉一生的时间，也不能修复。

我非常克制地要了柚子茶，热的。对于将每一次新欢都视为初恋的我，让柚子茶承担此种治愈的角色实在有待考量。

年少初相逢。

4 关于猫

如欲相见，我在各种悲喜交集处。

——木心

5 替生

你还想我的赠品。我能献你什么呢？无已，则仍是黑暗和虚空而已。但是，我愿意只是黑暗，或者会消失于你的白天；我愿意只是虚空，决不占你的心地。

——鲁迅

6 千山

平房天花板的木块已经烂了，小粉虫在房间里不断地落下来。床上没有毯子，白床单上一片的虫，挡也挡不住。

“我的床不能睡。”米夏走出房间来说。

“可以，晚上睡在床单下面。”我头也没抬地回了一句。

——三毛

郭鸿宇 // 睡前故事　164

猫嗅了嗅我的手稿，皱眉说：“你最近简直越来越没才华了，写出来的东西连我们猫都看不上眼。”

边梦娇 // 泉　173

街上的路灯突然亮了，这才 10 月，就黑得这么快。

王书娅 // 千山　186

暖阳温润，倾城的日光在她周身流转不断，兜兜转转，却始终照不亮她仿佛无底的黑色眼眸。

7 迟日

4 月午后的阳光是雪亮的。它把房屋和道路照得清清白白。清的是房屋，白的是道路，屋顶青色的瓦楞上有褐色的麻雀跳来跳去，它们好像把凸凹相间的瓦楞当成了编钟，企图弹奏出悦耳的乐曲。然而瓦楞并不发音，这使麻雀大为不满，它们叽叽喳喳地发着牢骚，一哄而起飞到别处寻风光去了。

——迟子建

余珊珊 // 病　198

没了泡咖啡的闲心，咕咚咕咚喝了碗凉水，惊奇地发现它也甘甜，也一样解渴。

许航 // 迟日　205

她把毛巾重新搭在了肩上，小心翼翼地打开了大铁锅盖，白茫茫的蒸气弥漫了她的双眼，老人眯起眼，闻闻汤的香味，又满意地点了点头。

杨一欣 // 潮涨莺飞　216

这时候总会有几只豆雁忽然“嗖”地坠落，带着一缕浑浊的潮气，往湿润的地上压出一丝细腻而又恐慌的声响。多年之后想起这经常性的一幕时，我的下肢仍会有一种滞涨而又消极的感受，仿佛带着黏稠的春天气息，同化在快速增长的春意盎然之中。

8 上海纪行

今夜我不会遇见你，今夜我遇见了世上的一切，但不会遇见你。

——海子

夕阳渐次柔和，
濒临一种血液褪色的艳丽，
却深情了生命中承载的悲伤。
——吴百川

一个人说，
另一个人听，
叫作聊天；
两个人同时说，
没人听，
就只能叫作互相“倾诉”。
——孙凝翔

只有那段上下学的时光，
那段放学后的时光，
那段假期里的时光，
和时光里的人没有变。
——许航

1 重点推荐

局外人

严冬一封锁了大地的时候，

则大地满地裂着口。从南到北，从东到西，

几尺长的，一丈长的，

还有好几丈长的，它们毫无方向地，

便随时随地，只要严冬一到，

大地就裂开口了。

——萧红

文 / 吴百川

碎玉

吴百川，第十八届全国新概念作文大赛一等奖获得者。

我想这是我策划最久的一次逃 ;了。

我想这是我策划最久的一次逃离了。

从学校出发，我和小艾要一直逃。带上我们微瘪的包袱，我们要逃到海岸线，再沿着它一路向北。

但世界上是不存在绝对纯净的海岸线的。我们只有绝对坚持的目标，但完全没有克服沿途困难的勇气。滩涂很崎岖、泥泞，我们离大海远远地前进。碰到巨大的障碍物，我们会果断长叹一声，绕开它，彻底偏离轨道，背向大海绕一个大圈而行。这些巨大的障碍物往往是山、礁石群，是可以让我们彻底丧失跨越的勇气和兴趣的。

可是我们却可以时常骄傲地抛出一句："我们在沿着中国的东边缘前进。"

可我们实际上才走了多远呢？

第一次产生逃离念头的时候，是小艾在我面前哭得颤涩不已的时候。我心不在焉地听着，只记得她重复了很多遍："我是一个被全世界欺骗了的人。"

我也是一个被全世界欺骗了的人。

那天小艾是坐在窗台上哭的，很庆幸的是她是面朝屋内的。我还记得她那天穿了一条改过两次裙边的钴蓝色白边短裙，那时的阳光从背后照着她，特有的色晕在她身上形成极好看的阴影。我没听进去她向我哭诉了些什么，但我那么痴痴地望着她的身影。不要想歪了，我和小艾不是那种暧昧而不可告人的关系，我们只是从小到大一起走过的路很长罢了。我们只是被别人称呼时只叫作"朋友"，而不是前面带上性别的"朋友"。

我只是觉得那天小艾哭得格外美丽。小艾其实长得不算很美，她可以胜人的只有很高挑而精致的鼻子，和一双在哭起来时才极富魅力的大眼睛。她带自然卷的中长发色彩不是绝对的黑，甚至不能算入黑的范畴，发质也和我的一样差劲。可她今天如此打扮，又哭得楚楚动人，已经很有吸引力了。

那天小艾在梳妆台前花了整整一个上午的时间精心装扮，要知道平时的她是一个很随便的女生，可以顶着一个乱蓬蓬的头，用 5 秒扎一个让我不敢恭维的不规则的马尾就去上学。因为那天她要去见 Jasmine。Jasmine 是小艾的男朋友，不，是前男友，是小艾执意让我改称前男友的。说实话，从男性的视角来评价，我是很不喜欢 Jasmine 的。他长得很英俊，真的是帅得让人很没有安全感，但不是我忌妒他，他很轻浮，并且让人觉得他好像很容易被女人勾引走似的，更可怕的是他好像很喜欢被女人勾引走！如果可以的话，请让我用“水性杨花”来形容，事实上他不是喜欢被女人勾引而是喜欢广泛地勾引女人，凭借姿色引诱无数纯洁少女与他交往，发现别的少女就马上甩了现在的女友，如此往复，乐此不疲，但仍有无数少女心甘情愿中招。小艾就是其中可怜的一个。

小艾温着昨日的甜蜜，在衣柜里挑选裙装就花了两小时。昨天，Jasmine 和小艾一起去“吸引茶饮”抱了两大杯奶茶，骑着自行车一路向南，在远离喧嚣的宁静中互相诉说着绵软的情话。他们在海滩停下了，一起坐在沙滩上幸福依偎，享受日落。在光线柔和得恰到好处时，Jasmine 从口袋中掏出一串项链，简单精致的链条坠着一块温润的玉石，伴着相爱的允诺把它戴到了小艾的颈上。深情万分，小艾感动得要飙泪了。

那天晚上小艾到家时乐颠颠的不知道自己叫什么了，我赶紧把她推到门外反锁上门，让她在外面吹吹冷风清醒清醒。谁知小艾在外面还炫耀似的，痴痴地大叫一句：“怎么了，宁，忌妒我找到好男朋友了？”

“小艾，要清醒啊，Jasmine 不是好东西。”我死死地盯着小艾胸前的那块玉石，忽然有些厌恶。小艾很清楚我一直没在听她讲话，也停止了哭，怔怔地看着我。她似乎注意到我在盯着她胸前的玉石发呆，忽然大叫一声：“连你都欺骗我，我是一个被全世界欺骗的人！”然后做发狂状，揉着头发向后仰起，好像要跳楼了——不过谅她也是不敢跳的。我赶紧冲过去抱住她，将她拉入房内，虽然看上去像是把她拥入怀中。小艾怔怔地看着我，眼里闪过一瞬的悸动和温柔。我看着她，只是淡淡地说：“我又没有欺骗你，我又不是你的男朋友。”

夕阳渐次柔和，濒临一种血液褪色的艳丽，却深情了生命中承载的悲伤。我们看着房间里色彩的变幻，光线里扬着细小的尘土，虔诚地膜拜着恰若海面的天空。我和小艾蜷在房间的角落，沉默。小艾知道我有很多话想对她说。

小艾，我知道你想忘了今天，忘了那个负心汉。

没错，那个 Jasmine 水性杨花，有什么好的？早点儿看透他那花花心肠对你也有好处，远离这种人。要记住，不是他把你甩了，而是你抛弃了他！

……

小艾的眼睛空洞地展开，看着黑洞似的说：“你知道吗，昨天我还以为我是全世界最幸福的人了，可全世界把我骗了，原来我对他来说那么一文不值。我特地打扮得那么漂亮去和他约会，可他竟然可以就这样面不改色地站在约定的地点和别的女人相约。他竟然那么高傲地把我甩了，就站在我面前，指着另外一个女生十分淡定地说：‘这是我的女朋友，你，被甩了。’那个女生很轻蔑地看着我，他竟然还当着我的面那么嚣张地拿出和昨天送给我的那串一模一样的项链郑重地送给她，她高兴得要死……”

我还是死死地盯着小艾胸前的玉，终于忍不住喃了一声：“玉……”

小艾抓着那块玉，站起来，忽然愤愤地说：“贱东西，对所有人的爱都一样廉价！”她“呸”了一声狠狠地把那块玉掷到地上。玉碎裂的声音很清脆，我和小艾看着绿色粉碎了一地，还有一大块幸运地保存了下来，但也是遍布裂纹。

“廉价，果然是假货！”小艾很惊讶但明显是愤怒，旋即她又心疼了，蹲下来缓缓地把那些受伤的碎玉都收拾起来，不无悲伤地幽幽呢喃着，“毕竟是玉啊……我的爱情也这样碎了。”

我还是一直看着小艾，她又开始哭了，楚楚动人。小艾，今天第一次发现你那么美。我抓住她的手：“小艾，哪天我们一起逃离这个世界吧？”

小艾惊讶中带着温柔地看着我。

我伸手把小艾手中的那些碎片收到手中，我知道碎掉的不是玉，是小艾那颗情窦初开的心。小艾还很年轻，她还不知道爱情就是一种欺骗人的东西，把它想得格外美好。小艾，我会帮你收好这块碎玉的。

“总有一天，我会帮你补好碎玉的，连同你的爱情。”我一字一句地向小艾承诺，“走，我带你去见小乜。”

小乜，是小艾的闺蜜。但不幸的是，因为 Jasmine，两位女生闹翻了。在小艾之前，他是在和小乜交往的。某天小乜和 Jasmine 携手逛街，迎面遇到了小艾。小乜很兴奋地和小艾打招呼，却不想此时 Jasmine 已变了心。他当着小艾的面立即和小乜分手了，然后走到小艾面前。在小乜茫然不知所措的时候，小艾也被 Jasmine 的英俊与甜言蜜语麻醉了，她可能注意到了小乜那么迷惘失落地伫立在街中央，但还是傻傻地跟着 Jasmine 走了。孤独的小乜被留在阴影里，各种无名气恼和哀伤只是让她掉了一滴泪，咬紧牙关扭头走了。

小乜没有再理过小艾了。

我拉着小艾的手掏出公寓的钥匙，扭开门就“噔噔”地跑了。小艾还在哭，我扯着泪奔的小艾一路飞跑，一路引大叔回头张望，甚至有攥紧拳头想要见义勇为的大学生狠狠地盯着我。我不管这么多，其实我早已百般耐心温柔地劝说过小乜了，用上了我这辈子再也不想讲的甜言蜜语，终于让她冷冷地答应见小艾一次。我们联系好了时间、地点，我不想爽约。

在 July's Café，玲珑小巧的咖啡屋，米黄漆墙衬绿色大门，一个别致的凉棚下，手绘招牌旁坐着小乜。她先是瞥了一眼风尘仆仆的我，再一定眼，看到了还哭得不能自拔的小艾，立刻心软了，连忙无视我冲了过去，抱住小艾一起哭，顺带安慰小艾。

我无语！这是刚刚的小乜吗？女生间的冷战就是这样的吗？哭一场就结束了？

但看着小艾和小乜搂在一起哭，我忽然觉得她们好幸福。小艾是不是把被 Jasmine 甩了的事告诉小乜了？那么小乜是不是也毫无顾虑地原谅小艾了？那两个女生之间的闹剧是不是就这样结束了？她们真幸福，我就这样没有任何存在感地被搁置在一边了。

最想抱住小艾的人是我，不是小乜。

我在想我有没有喜欢过小艾，答案是肯定的。但问题是小艾有没有喜欢过我。我猜测是没有的，从小到大一直没有表露过，所以我也不曾向她表露过我的心思，那样做只怕会引起她的反感。

毕竟从小到大18个年头，走过的路太长，滋生的情感越烂熟，越不容易滋生出爱情。

那么小艾知道我爱她吗？我记得从小艾被Jasmine甩了以后，“我是一个被全世界欺骗了的人”就成了她的口头禅。当她诸事不顺、情路坎坷，又不自觉地吟出这句话时，我会接她一句：“我也是一个被全世界欺骗了的人啊。”她会质疑地看着我，问：“你被谁骗了啊？”

我被全世界骗了啊，小艾，像你当初说的一样，我也以为我会是全世界最幸福的人，我爱的人每天都生活在我身边。可全世界都在骗我，其实我是全世界最不幸福的人。我爱的人每天在我身边，她却根本不爱我，甚至根本不知道我爱她……

甚至当她因爱情受伤时都不能由我去弥补。

小艾被Jasmine甩了的那个晚上，小乜给我发来短信：“得手了吧？”

我莫名其妙，她又接了一句：“小艾现在单身了，有什么打算？”

“她单不单身和我有什么关系啊？”

“咦，你不是她的准男友吗？”看到这文字我只想象得出小乜那张写满问号的脸。小艾，可能真的不喜欢我。

……

我和小艾或许永远不可能，小乜，替我照顾好她。

我甚至有怀疑过我是否爱过小艾，因为在别人面前我总是淡化我们之间的情感，以至于成了一种习惯。但当我听到小艾那天晚上的喊叫——“怎么了，宁，嫉妒我找到好男朋友了”时，我的心疼得那么别扭；小艾在我面前哭诉被Jasmine甩了时，我心不在焉一点儿也不想去安慰她，只因为我心中莫名的开心；当小艾和小乜搂着大哭时，我多想推开小乜冲过去和小艾拥吻……种种迹象表明我爱上了她，尽管我平时也常有暗示：我们只是一般的朋友。但凡接触到小艾我都要在心里解释好一会儿。我无可救药地爱上了小艾。

可小艾呢，想起她眼中的惊讶与温柔，我能注意的只有惊讶，这也足以冷了我所有温柔。

在我们相处的最初时光里，还是玩过家家的年代，我就在游戏时对小艾说：“我们结婚吧。”是年纪太小，过于纯真，不敢动歪心思的缘故吧，小艾想都没想就“嗲嗲”地拒绝了我：“才不呢——我的将来应该是给……”

可即使在那么单纯的年代里，她就连一个游戏都不肯让我满足，还是过早就给我们的情感划下了一条明确的底线？

上高中时和小艾一起逛街，每当对面有相互依偎的情侣走过，我总会不自觉地把小艾的手握得紧一些，靠得近一些，让我们显得很甜蜜。可此时小艾的脸永远是冷的，看都不看我一眼就甩开我的手，与我隔开一段距离，尤其是见到同学的时候。

是否只是像我一样故意在人前隔开彼此的距离。但尽管我这么做，还是被一些人觉察到了我心底的情愫，比如小艾的闺蜜小乜。

可即使在私底下小艾也与我不温不火，总是缠着我叫我介绍几个汉子给她。就算隐藏情感也不用这样吧。每当这时我总会抽搐着心，以这种或那种理由将她拒绝。

但无论如何，那讲述不清的爱情与逃离的念头已深植我心。

逃离的念头存在已久，当她再次被激活时，是迫近世界末日的时候了。

这么长时间内，小艾的情路万分波折，和无数汉子交流，爱情的碎玉始终没有弥合，我是该安慰她还是该暗自庆幸呢？

转眼已是 2012 年 12 月，一直被人们淡忘的世界末日终于在迫近之时苏醒了，心中不无激动紧张，更多的是对验证的渴望——想看看世界末日到底是什么样的。还是在 July's Café，小乜搅拌着加了少许糖的摩卡咖啡问我们："你们相信世界末日吗？"

小艾点点头，我嚼着满口的咖喱，也胡乱地应了一声。

"渴望吗？"

"当然啦，末日那天肯定会放假的！"我显得异常激动，而小艾也毫不吝啬地赏了我一个白眼。

"末日那天会发生什么？"小乜思考着，45 度角仰望天空，"你们会做什么呢？"

小艾想了想，极其镇定且严肃地说："地震。那一定是可以毁灭世界的地震，我要整晚熬夜，等到大地开始颤动的时候，马上抱起棉被，用仅有的柔软保护我的身体，躲到厕所的角落里，孤独地等到天亮。清晨，只有我拨开废墟，也仅有我能透过罅隙看到这个世上最后的阳光……"

想得也太美了吧，不过的确是很不错的应急措施。我也想了想，竟用了一种我自己都想不到的深情款款的表情说："我要带上小艾一起逃离。"

当我对小艾说过那句话后她就没有再理过我，直到末日前的一星期，她终于来找我了。她告诉我随着末日的迫近她变得有些心慌，坐卧不安，或许她害怕一个人孤独地等待第二世界的黎明，她竟答应要和我一起逃离。

我没有过分惊讶，因为我在冥冥中预想过这个结局。

于是立即行动起来。在某个夜晚，我们没有告诉任何人，就带上我们微瘪的包袱翻墙而逃了。夜里的灰色街道，带着忙碌的红绿灯的穿梭，各色霓虹渲染了一场浮华而琐碎的夜。路人沉默的脸，情侣对他人幸福的不屑，荒寂在夜市的喧嚣中。广告灿烂的灯照着我苍白而匆忙的脸，没人注意到我的幸福。

我们在便利店挑选了一些干粮和水，用仅剩的钱去坐了一趟地铁。马上我们就要离开这个水泥地上涂满白色、黄色道道的地方了，我们花光所有的钱，在黎明时到达了海边。当我们的鞋底踩上柔软的沙滩时，我们的逃离开始了。

小艾，我们要沿着海岸线一路向北。

还不是很强烈的阳光，吹着软软的海风，我们要开始漫长的散步之旅。干净的细白沙，嵌在布鞋的棕色鞋底，渐渐活跃的海水用小潮把它们清洗干净。真的是湛蓝平静的海，衬得天空也为之褪色，只有双飞的海鸟用奇异的眼神睥睨着我们，背景是撒满碎絮般残云的天空。

小艾，你知道吗，在我们的家乡有一个传说——在中国的东海岸线，可以寻到一种祖母绿的珠贝，用它孕育的珍珠磨成的粉，可以闭合所有的伤口，复原所有的碎片。一些年轻的男女更是相信，用这颗珍珠可以让一切爱情圆满。

时候虽不是盛夏，但海畔的阳光依然照得我们皮肤泛红。我们用各种手套、围巾包裹身体裸露的部分。早已没有纯净的沙滩，我们沿着滩涂的边缘前进。远远的，海水泛着微蓝，在我们的旅程到一半时，天空依然撒满碎屑般的云，远处的小岛凝重而呆滞。我知道我找不到祖母绿的珠贝，但我依然坚持着前进，嚼着发干的面包，喝着严格定量的水。

小艾，走这么多天了，我还是没察觉到你爱我。你要知道，Jasmine 的破玉我根本不稀罕，我选择了这条路线来逃离，是为了补全碎玉，不是 Jasmine 的破石头，是你爱情的碎片。

缝合剂是我，让我来圆满你的爱情。

后记：

我们沿着中国的东缘前进。严重的体力不足、喉咙干渴，我们硬是支撑到了末日那天。

12 月 21 日，翻涌着未知潮水的大海，在暗色中疯狂地澎湃。是海啸。双飞的海鸟用奇异的眼神睥睨着我们，远处的小岛凝重而呆滞。我们紧紧依偎，此刻我们不再彼此孤单，任海啸把我们吞噬。

天边的云还是状如碎玉。

只要你的爱情圆满即可安好。

文 / 吴百川

颜乱

吴百川，第十八届全国新概念作文大赛一等奖获得者。

时候是夏，倒是有点儿让人失望，像我在冬天时不顾任何感受地执着于写夏，一到夏天就让人开始想念冬天。

你叫颜乱。

今天早上我在路口叫了一辆出租车，却没有上车。出租车司机骂了我一句，然后愤愤然地扬长而去。我忽然想起来了，你已经不在了。你还在时，总会帮我的劣质恶作剧解围。我才发现，没有你，我什么也不是。

我很疲惫地梦见你回来了。你很不羁地夺过我才写了一页的小说，噼里啪啦地接着把那个干涩而没剧情的故事写了六七页。虽然和我的思想完全接不上，但显然比我原来的思路更生动。于是，很怀念的感觉涌来，但是，怀念不应该是我用来描绘你的笔调。我只是粗略地看了一下你写下的第一页文字，看到了什么到现在我也忘得差不多了。后面几页我更是随手翻了一下就过去了，心想过会儿再怎样把它扯回到我的思路，然后来个华丽的结尾就能完成了，那真的是一个写你——颜乱的故事。竟然好意思这样续写一个写自己的故事，还用那么煽情的文字，颜乱你是够自恋！

我好想保留住那个写你的故事，上面爬满的笔迹写的都是你的温柔。而你又是如何能这么体贴地知道我对你的看法，那些情感被揣测得相差无几？你那还带着泪的眼睛，是多么舍不得我。那你为什么又要走？把我了解得那么透彻后就这样离开？

我好留恋那段时光。我真的不愿丢弃这个本子，你在这里写了太多我不知道的你。你把自己写成王子，从遥远的地方回来，再要一杯深红“颜乱”兑芒刺橙汁。关于你写的，我只记住这么多了。你是有点儿喜欢喝酒的，并且对酒的品位甚高。关于酒我却是一点儿都不了解。等我看到这个句子，拼命地把它记下来，想要了解你更多。你喜欢喝一种叫“颜乱”的酒，真正的名字肯定不是“颜乱”，你自视甚高，以为没有人会像自己一样如此青睐这种深红色的高雅液体，就“自为其名”称它为“颜乱”。你喝深红“颜乱”时总会加入一种橙色的液体，那颜色，瞬间迷乱纷呈。以前我不知道那是什么，现在才知道那是没出息的你兑的橙汁。至于“芒刺”是什么，你走了，我也不得而知。总之，这些话只有你自己懂。

你回来了，我以为那是真的。可那个本子，也随梦离我而去了。梦里我的小说也只写到这里，剩下来的应该给你写，颜乱。你写了什么，我现在真的不知道。你的故事，我也不知如何下笔。但，如果你回不来了，也只能由我来完成了。颜乱。

我知道那个梦我再也做不了了，你也不可能是我梦里的样子。这个故事，我本想回忆起来所有你所写的，来完成它。可粗心的我早已不知把它忘到了何处。爱喝深红颜乱兑芒刺橙汁的你写出来的故事，就算我再健忘，看到这里我也知道与我写的截然不同。不愧是从边疆回来的王子的回忆啊。

我也总会迷迷糊糊地觉得你还在我身边，可你还是走了，这绝对是真的。你走的时候有多不舍，都那么没出息地哭给我看了，你又为何要走？你那么固执又那么温柔，为我编织出一张一旦陷入就欲罢不能的情网，最后却是自己违约，自作主张地先走了。你走呀，你只管走呀，到最后还不是……如果你还能回来，如果你还能回到这里，睁大眼睛你会发现，一个不再年轻的女人有着你熟悉的容颜，坐在一张你常坐的沙发上忽然破口大骂起来，到最后却是哭得不能自已，只剩下苦苦的哀求。到那时你还能不顾一切地拥我入怀，还能那么温柔地责备当时只是自己一时年轻气盛吗？

不能，颜乱，那不是你。虽然我对你了解不及你对我深，但我却始终扼守比你更深的回忆。被不识风情的出租车司机破口大骂后，我格外不屑地望着他拖着一堆PM2.5远去，又发现你离去后的空落落。你已经走了很久，我却还是不能习惯没有你的日子，因你留下的伤痕即使用这么长的时间都无法弥补。

其实你不是刚走。你走了已将近十年零三个月了。我竟然还把这种日子记得那么清楚，看来我还是不能把你彻底忘记。其实有时候我真想陪你一走了之，后来想想我也没有那么傻。

或许忘记是件很难的事，颜乱。你走后，我也花了将近十年的时间去忘记你，却再也找不到一个比你更好的人了。我也选择离开这个给我留下各种复杂记忆的地方——柳城，和当年的你一样，只是你太笨了，这样一走就回不来了。

可当我发现一切所谓的忘记都是伪装后，还是勇敢地回来了。我每遇到一个以为会比你好的人，总是要在心里向你好好炫耀一番，才发现我根本忘不掉你。我向他们每个人都说过，我以前认识一个人，他叫颜乱。然后他们会问“那个颜乱是你的前男友吗”，我都会回答“是的，只有这一个前男友”。那些所有不如你的人，都被我忘得干净。明明你也好不到哪儿去，我却怎么也忘不了。

但我总算回来了，在我又一次提起你时，发现所有忘记都是徒劳，还是回来了。

我明明已经是一个不再年轻的老姑娘了，竟然还这么幼稚地拿出租车司机开玩笑。回到柳城，就像回到十年零三个月以前，我还那么年轻快乐，就算你已经离开了。

我想回到我以前住的地方，却发现自己没有勇气去面对自己的父母。在我还那么年轻气盛的时代，竟然傻到要追随你的步伐。我不顾一切地收拾好东西，决心像你一样义无反顾地离开柳城，这个名字中冠有“柳”字，却没有柳影婆娑的商业化小城。只是你的路太过坎坷，不能像我一样全身而退。

或许我离开的阻力比你大。我有父母，有死命挽留我的人，有用经验告诉我这么做太傻的人。我很理直气壮地大喊说我现在离开柳城，等我回来以后肯定有出息得吓死他们。背上我的包袱，我内心豪情万丈地摔门而出。其实我从未想过要怎么有出息，我只是想要追上你，至于回去以后怎么解释我的落魄，已不是年少时的我要考虑的事了。

而实际上我离开柳城的10年中，的确狼狈不堪。刚开始我只是要去追逐你，当得知我永远也无法追上你之后，我想用这10年来忘记你。我也很笨，在外漂泊10年，才终于想要安下心来。可能是年纪大了更想过上安定的生活，于是我想去寻找新的归宿，去忘记你这个温柔的故乡。我曾在外租过房子，想在外也寻一回有依靠的感觉，于是在周围试图寻找新的感情，但都未能如愿。我曾在年轻时把太多的桃花浪费在了你身上，以至于我再难寻到新欢。我也开始后悔年轻时没听爸爸妈妈的唠叨，把时间都花在情情爱爱上，现在真的是一点儿出息也没有。

当我生命里一切轻狂的繁华不再具有年少的气血，凋零之后，我开始重新冷静地审视这个我生活的世界，我的父母，我十年未见的父母；我的家，我十年未进的家门；还有一群十年内杳无音信的朋友。我发现我傻到追逐你，却抛弃了我原来美丽的世界。

现在我又踩在了柳城的街道上。十年了，我看到这个小城中我曾熟悉的都荒芜了，一家家店面不知更换了几代主人。我踩着人行道上那未曾变过的红绿地砖，望着那条永不逝去的大街，想着关于你的，正在失去的念想。我背着比走时更轻的行囊，回到了这个，我出去后十年没有联系的家。

我想我还是要走进这间屋子。十年了，我当然没有这座房子的钥匙，也不能像个孩子一样傻傻地站在门前叫父母来开门。我现在成熟了，却这么兀自到来。我早已无法联系父母了，十年内他们的手机号码肯定是换了又换，而十年内我们之间也没有讲过一个字。进入这扇门，也需要很大的勇气啊。

当然我决定敲门，试想父母在打开门后，是否会溯流回十年前的怀念中呢？只是门前的这个人已不会像个孩子一样大叫大嚷着等待开门，她也没有他们熟悉的年轻面容，可是无法言说的伤感，却是用怀念把他们扯进了时光深处。

我终究没有决定进门去。我撕了张纸条，在上面写上“我回来了”，然后把它从门底塞进了屋，随后把我的包袱放在门前。这一切做完后，我也只能放心地离开了。

我回来了，我回来呼吸柳城的空气了。柳城的空气确实不好闻，但作为一座南方的温湿小城，它的PM2.5浓度倒是比北方的一些地方低很多。只是过桥时会闻到河水的腐臭，顺便瞥见河畔那几株残留的柳树，不屈不挠地告诉别人“柳城”是名副其实的，这让人有点儿不屑。正值下班高峰期，我正在柳城熟悉的小路上到处逛着，迎面驶来拥堵的车辆，其势若排山倒海、吞天沃日，如有大军压境之感。我逆风走着，没走几步眼睛里已全是沙子了。

这时候是夏天，倒是有点儿让人失望，像我在冬天时不顾任何感受地执着于写夏，一到夏天就让人开始想念冬天。但夏毕竟是摇曳的，是婀娜的，是最适合演绎恋爱故事的。毕竟是夏，下班高峰期一过，该回家的都回家了，天色还不至于显暗。我还在犹豫今晚要不要回家去，真是和你一样笨。我长大了，我知道既然已经用了这种手段还不出现会让他们急得满大街乱跑的。

但我还是决定趁天色尚早，去你住的地方看看。这是该死的，忘不掉你的我，在回柳城的路上就已计划好的事。你的家住得确实离我现在站的地方很远，可我还是决定走着去，我想去看你曾喝酒的地方。

我从白天走进黑夜，我看见柳城渐次灯红酒绿的繁华。那家你天天喝深红"颜乱"兑芒刺橙汁的酒吧还在，叫什么名字我也不记得了，好像是密密麻麻的一堆英文。还是木砌的外墙，一走进去，暖黄的色调一下子让我陷入10年前的时光。

我想起你走后不久，我也像你一样来这里借酒消愁。从来没有喝过酒，什么酒的品种我都不知道，只知道你常向我自豪介绍的爱酒"颜乱"，你常喝，于是那天我也学你来灌一回。

那时我竟然天真地坚信有一种叫"颜乱"的酒，一进店里就很嚣张地向吧台小姐叫道："给我来一瓶'颜乱'！"

换来的却是一种茫然的眼神："什么酒叫'颜乱'啊？莫名其妙。"

那天刚换了一个吧台小姐，我坚信"颜乱"的存在，执着地以为是新来的服务生不熟店内业务，连这样一种好酒都不知道。后来我自己凭颜色找了一瓶深红色的酒，喝了一口就醉了，却固执地认为自己没有挑中真正的"颜乱"。

想想被你毒害之深啊。

推门而入，寻着以前你常坐的位子。如海潮似的回忆翻涌而来。我怕那些过往、回忆将我侵蚀，却仍然固执地坐到这个我常坐的位子上，像当年一样把左臂搁在吧台上，把头倚在臂弯上，向右侧着脸，仿佛还能看见当年的少年。那个坐在这里自顾自地灌着酒，还一边向我介绍这酒的少年，然后随着那酒也一起消失了，不在了，我坐在这里，身边的你却不见了。我看着这个空荡荡的座位，任回忆翻滚而来，果然，我还是忘不掉你。看着如十年前的我们一样相依偎的情侣，我禁不住泪流满面。

想抓起手中的空杯砸向右边的空位。

像又看见，你在迷醉的目光中，把橙色的液体兑入颜乱，酒色瞬间迷乱纷呈。窗外是夏，以及夜的柳城，像以往熟悉的夏天，你身上涔涔的汗味。晚上全都待在这里，不去想遗留的作业。学生时代的风从记忆里吹来，让人又想起很多，包括备战中考的岁月。

不识酒性的我陪你陪到百无聊赖，你却仍喝得不亦乐乎。忍无可忍的我狠狠地一拍你的背，看你把这些、那些都狂呕而出。你装可怜地看着我，我捏起你的鼻子，毫不留情地站起来，说："走了。"你百般无奈地把剩余的液体一饮而尽，再去追随我的步伐。

真奇怪我竟然会爱上你这样一个酒鬼。烟、酒、赌、毒品，这些东西我一概不沾，就连我身边的人也不允许，却唯独开恩让你饮啜，只因那深红的独特魅力？

还是柳城的街道，夏的气息适合夜风遍布的晚街，偏挑没有路灯的人行道挤在一起走，笑看微醉的你把每一个暗处的行人当作蓄谋已久的强盗，对着他们破口大骂。到最后，那些胆小的行人把我当作歹徒，赶紧绕道逃走，稍微大胆些的在路过我们时，像诅咒似的低声骂着"神经病"。你竟然还能如此厚颜地向我自夸，说自己的威慑是如此强大。

我打电话告诉爸妈今晚迟点儿回家，要在同学家补习功课。其实放学以后书包就一直死在家里的某个角落。爸爸妈妈欣然同意，然后我们就在这里继续走下去。

那时是多么和平啊。我们就这样在柳城的小路上慢慢行走。可是柳城这个小地方困不住你，你还是固执地走了。身边总是有些不识风趣的人，错愕地看着我趴在吧台上哭得泪流满面。没人知道，我哭的是十年时光。

跌跌撞撞出门去，回到夜的柳城，混乱了十年光阴。我什么也没想好，却只清楚地记得斯人已去。只是旧地梦回罢了。

纷乱着柳城一路的灯火，我还朝着你家去。

斯人已去，旧地梦回。是的。

这是中考前第四天的夜，我刚写完估计是最后一张的中考语文模拟卷，3年了，忽然想到，别人的初中一下子就过去了，自己的初中时光，每一寸都沉重到难以忘记。但我看着别人成长，那些生长的表面总是那么迅速，留给别人不可模仿的背影。初中的时候我就已经和你熟识了，那些连光线都因你柔和的夏天，我的心底泛起了潮湿的雨季，把未来的一切都看不分明。想把那未知的花苞每一片花叶都透彻地展开，尽早看到奇迹的来临。

但永远不会有奇迹。当我想到“别人的初中一下子就过去了”时，有一种灵感被压抑的冲动。后来老师让我们自主复习，大多是背文言文，看作文选什么的，我无法忍受灵感的压迫，赶紧拿出我的笔记本把这个句子记录下来，短短的十二个字才记到一半，老师就过来了，她让我赶紧收起来，我向她争辩那是灵感，当然灵感打不过中考，我只能在下课后把剩下的几个字写完。

那天晚自习下课后，看到你趴在窗口等我，没有看见小说中的月光披身、极富魅力，反而是被日光灯照得不怎么好看，但永远是如颜乱一般的眉眼，如颜乱一般的笑。想到这里，我可能还没有向你们介绍颜乱的精致外貌，可我也介绍不清，毕竟他在我心目中的名字是这个世界上最惹人憎恨的定义：前男友。但至少当初还在我身边的时候，绝对是美男子，当时追他的人很多，哼，肯定一个个都不如我。可也只是想想罢了，我们真的只是朋友而已。

你还在窗口等我，我却在走神。该怎么描述你呢？蓬松的浓黑长发，一点点的歪下巴，不是很纯粹的东方美颜，还有几分与这美颜极不相称的俏皮。你当时的面庞很白皙，哼，肯定是日光灯照的。你的笑更是让人迷乱，就如你的名字那样。

那天晚上我们一起回家，你跟我说你想喝酒了。

“笨蛋，过几天就要中考了，还喝酒！”我瞪着你。

“不就是中考吗，有什么好怕的。”你不由分说地拉着我走进那家酒吧。

“喂，爸，今天晚上留在学校里复习一会儿，晚点儿回家。”

我一直以为酒吧里会有奶茶之类的东西，可事实上没有我能喝的东西。中考结束后的第二天班上举行宴席，很多变态男生都喝酒了，这么一来就不止颜乱你一个人爱喝酒了。我巧妙地避开那些一身酒气的人，却永远也避不开你。

连十年的回忆都没避开你。

陪你在酒吧的时光总是极度无聊。我不喜欢吵闹的酒吧，这家正合我意，我觉得这种酒价昂贵的地方是让你静静品味的，午夜狂欢派对什么的实在让人作呕。我也不想看见那些深情弹唱的酒吧歌手，因为我不会像别的女生一样花痴，为在这里遇见一个帅气歌手而疯狂，我有你就足够了。

木制的房间，陪你的时候我喜欢看那些装饰，看那些松木极富气质的格调。这里的安静，也许只是因为生意太过冷清罢了，但我由衷地感谢，十年了它没有搬迁也没有倒闭，那些我熟悉而温柔的角落依然保留，但有你的回忆，那么深地刺痛我。

柳城的风吹来总不是传闻中南方小城的温柔，它有河，却酝酿不出水乡的情致。像少年时旅行归来，踏入故乡的风，只有一股热腻之感，那些黏渍的皮肤，在柳城的夜风中穿梭，浑然不适。我相信自己现在的脸上一定是泪迹斑斑，因为路过的人都不自觉地看一下我的脸。中考，已经过去十几年了，本应是最平淡的日子，却因为你无论如何也不肯忘去。那些充满少年气息的夏天，只能化成满目的青色，滋润我的双眼，让我流下的泪不至于因回忆的沉重而划伤脸颊。

中考我实在是考得够烂，险险地只够上了柳城某高中的分数线。中考那几天晚上你都跑出去喝酒，还是轻松地考得比我好。我觉得从那以后你我可能再也不能相见了，以你的成绩可以去上市里的重点高中。其实当初要是就此分别就好了，以后也许只是在柳城的巷陌里相见，大家彼此都低着头，靠近时才低声问声好。

我已做好怀念你并忘记你的准备，可开学那一天，竟然在同一所烂学校里见到了你。你带着嘲弄的笑，斜背着包，坐在二楼的栏杆上，靠着身边的柱子，居高临下地看着我。我站在操场的边缘，微微抬头看，夏末的阳光仍很刺眼，一定是透过青郁的叶子将影子打在我的脸上，我微眯起眼，温习着楼上少年的身形，不知该觉得高兴还是可惜。我的命注定这么贱，这么平凡，但上天却安排了一位天使，牺牲着他自己，始终陪在我身边，那就是你。

始终，连死后都没从我脑海中离去。

后来胖胖的政教主任看你这么危险地坐在栏杆上，脚还放在空中过分自在地荡来荡去，恶狠狠地把你叫走了。

因为成绩低，唯一的好处就是走不出家乡，整整中学 6 年我都在走读，但缺陷同样是它的好处，我被死死地困在柳城。我比那些寄宿生呼吸过更多家乡的夜风，虽然不是很好闻，但有一点我是知道的，像颜乱你这么不凡的人，一定不甘心一直被困在这里。

“那你为什么会放弃了离开柳城的机会呢？”

这次你没有坐在栏杆上，上次应该被政教处主任训得够呛，至少 3 年内不敢坐在栏杆上了。你坐在篮球场边缘的绿色钢丝网墙上，一身素净，背后是最纯粹的蓝天作为背景，我又要仰视你，阳光给你镀上一圈耀眼而模糊的轮廓，让我把那些仰望你的岁月都看不分明。夏风的余韵把绿叶翕合的天籁传唱得清晰，你一脸迷醉的笑。

“谁知道呢。”

“快回答我。”我扯扯你弹性紧身牛仔裤的裤角，“为什么我总在仰望你？真让人不爽。给我下来。”

你很轻盈地跳下来：“无所谓。就算我现在离开了柳城，也到不了我要去的地方。”

我傻掉了。我坏掉的脑子无法理解你在想什么。很远大吧，所以总要像燕雀一般把脖子仰疼了去瞻仰鸿鹄。我没想什么，但我没有那么不安。虽然一直困守于柳城这样的小地方，但有你一直陪着我，在柳城的夜风中沿路一直走下去，安宁和平就足够了。

可现在，我在独自行走。我走进柳城的巷陌，回忆起这里你定格的画面：阳光泼墨，温柔的少年静止着靠在墙边，表情迷醉，身后是栅栏，是绿色植物，是五颜六色的可爱花饰。你穿着白衬衫，卡其色紧身裤，一只手肘支着墙，另一手扶着栅栏，向我微笑。你伸出手去，邀请我经由这条美丽的小路去你家。阳光氤氲开绚烂的圈晕，一切都是美好的样子。我十分迷惘地被你牵着走了进去，怔怔地环顾着四周，十几年前的一切都温馨到泛滥，似乎幸福永远不会枯竭。我呆呆地看四周，你狠狠地拍了一下我的头，像现在的我想那么用力地把你从阴间拖出来再拍一下那样重，告诉我，到了。

到了。

那么狰狞，连路灯都没有，暗寂里一片颓靡。我却看得清楚，那座原本美丽的房子，一片火燎的焦黑，砖瓦崩颓，穿越了十年的大火，开始从我心底里燃起。我可能有点儿懂了，你为何要匆匆离开。

被毁坏，被人遗弃的房子，化作炭土，在夜空中飘摇欲坠。十年，刺鼻的烟味从回忆深处涌来，那些死去了，又被时光冷落的尘土，诉说着火烧火燎的伤痛，还有主人离去的辛酸。巍巍的黑影在颤抖，在夜色里默默流泪。

我想我猜到了几分你匆匆的行色。夜幕里，我想起你离去时的决绝，淹没时光的泪水，问我要不要和你一起走。我怔住了，为什么你会在这个时候决定逃离，一刻也不愿停留。

那大概是因为，什么都毁了。

我看夜色昏沉像你蓄满泪水的瞳色，屋里一片焦黑什么也看不见，还是决定先回家了。

有短信：欢迎回家。

信息的发送时间离现在有几小时了，我想我应该尽快回家。绕出那些巷弄，我决定打的。在路上我却开始重新审视自己了。我已经28了，在外打拼10年，仍旧居无定所，没有固定职业，积蓄只有一点点，单身，典型女废柴一名。我不知道该如何面对父母，他们又该如何接受我。

献给你的、我挥霍掉的青春，什么也没要回来。

那么，颜乱，你是不是要赔偿我一辈子？

到家了，门故意没锁，包袱已被拿进去了。我小心地踏进去，没有呼吸到似曾相识的气息，或许在外颠沛多年，我已忘了原来熟悉的家的味道。

我像10年前一样关好门，脱掉鞋子，轻轻地走上楼。我看见原本属于我的房间还原封未动，母亲正在打扫，我的包袱放在一边。那些封存10年的灰尘被擦拭，10年前的故事也呼之欲出。

10年前的饭菜香飘来，一切都苏醒了。父亲回过头看见了我，没有说话，但无论如何我还是回来了。打扫完毕的母亲看见我赶紧招呼我坐下，饭间，一切都回到了10年前的模样。

“结婚了吗？”

“没有。”

“什么工作？”

“都辞了。”

“待多久？”

“不回去了。”

我想我就是燕雀，永远也追不上鸿鹄。或许我本就应根生于柳城，在柳城的风里默默行走，平凡，却能找到属于自己的幸福。但一切都因你而变了模样，我本就走不出柳城，却因为你硬生生地逃离了。也许你走了，是对的，像凤凰浴火后的涅槃，你在另一个世界找到了自己的幸福，永远也不能带上我。

饭间谁都知道了我的没出息，之后是一片沉默。没什么好失望的，我想大家都该知道我年轻时说的都是气话，这么落魄本就在意料之中。

但还好，年龄退去了我的轻狂，我此次回来，就不走了。

饭后回到了自己的房间，那些写满了小秘密的书一本不少地待在原来的地方，但我不在的时候有没有被偷看过就不知道了。粉红色的，放在书架的正中央，专门记录你。我把它取下，想了好久才想到密码把它打开，扑面而来的是高中时代的气息。

你一定想去一个遥远而美好的地方，你一定想用自己的步伐把柳城永远地甩在身后。你一定会凭借自己优异的成绩，到你想去的大学。所以，我狠狠地咬住铅笔的尾巴，决定要努力学习追上你。

可你出现得不合时宜。你跑到我的教室里来了，带着令人迷醉的笑。我怔了怔，你知道吗，那天我刚幻想好的玻璃未来破碎掉了。那天我听到铅笔尾巴告诉我——其实我只是在安慰自己——之前不认真学习没什么关系，现在开始努力学习一样可以追上你。可是你毁了我的梦。

你一定是脑子有病，特别喜欢坐在高处，居高临下地看着我。你跑到别人的教室里还那么不把自己当外人，特别好意思地大跨步走过来，一屁股侧坐到我的桌子上。我咬不动铅笔尾巴了，你的侧身在我面前。我仰望你——可恶，又在仰望你。我发誓，总有一天我会把你从高处扯下来扔到地上踩两脚。

你低下头看我，我故意低下头看你屁股下面的练习题。

“我要去打工了，你给我点儿主意吧。”你对我说。

我眨巴眨巴眼睛：“缺钱花？你家房子那么好看还缺钱花？”

“喂，房子好看和有钱有什么关系吗？怪不得成绩那么差！再说我要自己挣钱。”

“兼职？”

“嗯。”

从那天以后，我的生活发生了翻天覆地的变化。那是高二刚开始的时候，我想这样概括我的生活——认识你以后，高二之前都在陪你泡酒吧，高二以后都在陪你打工，直到你走。

因为你，我已经不想好好学习了，你的成绩却依然那么好。算是我偿还你的债，你为了我留在柳城。

生命就是在不停地还来欠去。

属于我的走了，不属于我的，也走了。我的青春随你走了，你却没有走进我的生命。你欠我一生。

我睡时，一定哭了。

灯还没关，你推开门，走了进来。我的睡眼睁不分明，隐约看到的，是你10年后成熟的模样。你走过来，坐到我的床边。我不敢相信你还活着，便惊坐起来，想伸手抓住你。我的手指触碰到了你的肌肤，那么熟悉的触感，一定是你，颜乱！

你就像我对父母说的那样，说你回来了，回来了就不走了。

我扑进你怀里，像父母找到走丢的孩子，先是放声大哭，把你越搂越紧，怕你走掉，然后边哭边惩罚你，用尽平生最大的力量捶打你。

你都一一承受。

但那么不真实。

你叫我别哭，试图让我松开你。我不会放开，我怕你又走了。我等你，等了十年。只要你回来了就好。我大哭的瞬间，仿佛世间所有的雨水都崩倾，你无法想象，我荒废了的十年终于有苏醒的片刻。我的拳头攥得更紧，这十年，你欠我的，都要一一还回来。

我知道我又梦到你了。夜里我睁开眼睛，格外清醒。在最美好的幻觉都破碎的瞬间，曼妙的曲线还残留在空气里，但有一刹那宛若世界崩塌，黑暗了视线。如梦初醒，总是最迷惘的时候。以为一切都可以葬祭给时间，但你的身体却一再地在时间的瀚海里浮现。像是潮水，退去后总会漫上来，弄湿我的脚丫，带走我脚下的细沙。我恨你，颜乱。你不知道我梦见你还会哭得死去活来是什么时候，你不知道我这辈子都忘不掉你。我猛地拽紧床单，让自己坐起来，如果，那床单是你的脸，我一定会毫不留情地扯破它。我蜷起腿，把被子拉到膝盖和小腹之间，深深地把头埋进膝上的臂弯，哭得比梦里更厉害了。

只有月光泼墨，让我在寂静里听见泪水滑落的声音。

实在睡不着，第二天起得很早。我摸摸枕巾和被子上的某一块区域，已经湿透了。我下床穿衣服。衣柜里还保留着我18岁时的衣物，母亲应该常洗常晒并且常换樟脑丸，它们都保留得完好。我拉出了那件连帽的白T恤，这是我亲自设计并涂鸦的，衣服的正面写着一个大大的“颜乱”，是我特有的字体，我犹豫了一下，还是决定穿上它。

穿戴洗漱完毕后我出门了，踩着那双白色帆布鞋，是我18岁时穿的，上面用粗大的黑色签字笔密密麻麻地写满了颜乱。我发现我是永远也忘不掉你的，我也只好面对你。

我又在往你家走，白天泛滥了另一种回忆。我记得周末我陪你在这里躲城管卖鸡柳，虽然你做生意时我一直在偷吃，但还是挣了不少钱。往前走几步的拐角，我们在这里贩卖过从淘宝上批发来并亲自涂鸦的T恤，我涂了一件有颜乱字样的给自己。我帮你打了两年的零工，挣钱供你去远方。

朝霞在柳城很是罕见，今天实在是起得早，那些天空的美妙变换，让这座灰白的小城总算没有太过单调。是夏，弥漫在空气里早来的清新，卷挟过中学时匆匆赶路的繁忙，在行道树的阴影里，漏下最天真的遐想。所有因遇见你而熠熠生辉的日子，斑驳着那些青葱的岁月，名字和岁月一样青葱，格外茂盛。于是盘虬了所有呼吸的空间，每一阵心跳都因你而不同。年少的悸动里，眼角的余光中仓促行过的时间，终于遗留下一些模糊的印象。

那时你带着我，在这里行走。风吹起校服的裙摆，阳光洒满我们一袭的白色，像是有金色的弧线勾勒我们的姿态。我闭上眼睛，享受你能给我的。

又到了你家，白天没有谁能掩藏住它不堪的色彩。干净的天宇下焦得不是很完整的屋子，曾吸引我的栅栏、绿叶、花饰，还有穿白衬衫的男孩儿都不见了。我很想走进这间屋子，于是我跨过了早已霉迹斑斑的警戒线，回到了那个原本美丽的地方。

那是高考前几天吧。我把学业荒废到这种地步了，高考真是让人担心得要死。那天我真的很无聊，就趴在四楼的栏杆上看操场。忽然有一个物体从上方直直地击中我的头部，我把它抓住，是一个恶俗至极的面巾纸团，上面用红笔歪歪扭扭地写着“打开看”。我没理会，抬头看，你正坐在五楼的栏杆上，双手紧抓栏杆，撑住身体，把自己的上身往前倾，用阴影把自己的表情模糊到看不分明。这家伙不怕死了？就算不怕死也不怕政教处主任了？

“快下来，笨蛋，会摔死的！”

我按住栏杆把身体向外倾，踮起脚，伸直手臂想抓住你的脚。这么危险的动作又被巡逻的政教处主任看见了，于是我被带走了。走的时候我把那纸团扔了。

那天晚上你提个旅行包出现在校门口，我刚下了晚自习往外走，看见了你。你一定是没上晚自习逃出去了。那是十年零三个月前的一个5月的尾巴，快要高考了，连我都不敢逃课了，陪你卖鸡柳时也是边吃鸡柳边复习，当有人踌躇着要不要买时，再象征性地喊一句“真的好好吃耶”。此刻，你又是迷醉的神情，欲言又止，做出邀请的姿态。

我现在后悔把那个纸团给扔了，如果我当初看了那个纸团，现在就不应该是这样的结局。我本以为里面会是“傻 ×”之类的脏话作为恶俗的礼品，也没有理会。因为我做的恶作剧够多，常让你来解围，所以你用低智商的恶作剧来报复我也不奇怪。和你一起在路上走的时候，我特别喜欢叫出租车却不上车，饶有兴致地看你编各种理由把出租车司机哄回去。往别人的酒里偷放薄荷糖的是我，把草地上睡午觉的人的鞋子藏起来的也是我，解围的却永远是你。

那天晚上，初夏的气息很浓郁。我和你一起回家，你说今晚要去那家酒吧，喝最后一次酒。我淡淡地“嗯”了一声，像那天晚上的风一样轻。

枝叶像夏天一样在空气里流着厚重的绿色，像十年的光阴洗去柔和，款款地温柔落地，蔓延开一片回忆的网，把夏天的杂质一一过滤，只剩下你我流动的深情，像亘古传来悠悠的召唤，刹那间温溢开心口的柔软，然后那些绿色的影子也蒸融，不再摇曳在眼前。

夜，柳城十年不变的繁华，灯火流动的街颠覆视觉。只是一面玻璃之隔却背叛了所有的宁静。你静静地吮着深红颜乱兑芒刺橙汁，优雅的轮廓，深邃到永恒，松木色调的灯光泼下暖黄，勾勒出你颀长的身形，我低下头，看酒色在灯光下变幻，迷乱纷呈。

是灯光还是什么，你的眼睛很潮湿。

“我要走了。”

“什么意思？”

你侧过头很认真地看着我，有点儿逆光，一切从柔和到昏暗，像宁静却岿然不动的背影，沉淀到我的岁月深处。

“你会不会和我一起走？”

“我不知道你在说什么。”

你忽然握紧我的手，说你现在就要去远方，马上就要逃离柳城，一刻也不愿停留，让我和你一起走。我错愕了，无力地看着你，无法接受。我虽然年轻，但不至于草率地决定就这样答应跟你走。

“为什么？”

你没有启齿，却开始哭了。你把我的手握得更紧了，我有点儿痛，看着你指节发白，无法理解。为什么要走，为什么这么急切，不给我几天思考的时间？为什么忽然这么想逃离柳城，一刻也不愿停留？

你开始恳求，求我答应，答应你放弃一切，现在马上和你一起走，离开柳城，去一个全新的世界。你哭着求我，我却无法接受。一切都太突然了，不是吗？我下不了决心，无法决定现在就随你而去。我还要高考，虽然我平时那么恨高考，现在却不知为何被它那么有力地吸引了。

“那等我高考完，我陪你去旅行吧。”

“亲爱的那不是旅行，是逃离，是漂泊，是浪迹天涯！”

浪迹天涯？听我某个小学同学说过。那天毕业考结束，看到他一个人往一个陌生的方向走，有同学问他“你要去哪里呀”，他头也不回地大喊“浪迹天涯”，然后他多了几个追随者。第二天好像又看到他了，连同那几个追随者都回来了。

可你却不同，你一走就不回来了。

因为太突然，我还是拒绝了你，不管你哭得多真诚，因为我自始至终都不知道你为什么要离去。等一切哀求都宣告无果后，你最后站了起来，不舍地看了我一眼，还是缓缓地转过头，走了。

少年固执的背影，在暖黄的灯色中渐行渐远。玻璃窗外是夜的柳城，浮华喧嚣，与你截然不同。我听得见泪水坠落，即使有十年相隔。你行至门口，把修长而白皙的手指按在门把手上，我才唤你："早点儿回来。"

你扭动把手的手停住了，微微侧过头，给我留下了你最后的笑，淡淡的，还是那么温柔，那么令人迷醉。你最后还是走了，走了，再也没回来。

我坚信那个恶俗的面巾纸团里就是答案。可恶的政教处主任，你要是再让我看见，我一定会毫不留情地扒了你的皮！焦黑的楼梯还没有炭化成粉末，我小心翼翼地走上去，气味应该早从时间深处吹散了，但我没来由的记忆里却咆哮着刺鼻的烟味。但我不应该有记忆，因为十年零三个月以来，直到昨晚，我才知道你家着过大火。

摸索到二楼，有一个楼梯边的房间烧得很厉害，炭漆一片。我倚着门缘，隐约看到了一张双人床的残骸。火大概是从这里起的。我离开它，寻找记忆里你的房间。这一侧好像烧得不是很厉害，我还能看出墙体隐约的白色。起居室里的沙发看起来还能坐，但没有好管闲事的大妈进来把它带走，大概能带的都被带走了，这沙发旁就是你的房间了。

我指尖轻触房门，有大量黑色的粉末抖落。我推开它，"吱呀"的声音仿佛从远古传来，在乌焦的木门里来回冲荡。可喜的是，你的房间，还有一角仍然完整。

我不相信你就这样走了。我在酒吧里傻傻地坐着，没有去追你。忽然恍然大悟，骂自己一句"神经病"后就冲出去了。但我不知道你会去哪里。

于是你就这样淡出了我的生活，我再也没见到过你。

第二天，第三天，第四天，你一直没来找我，我也清楚你走了。即使孤单寂寞，我的生活也一样地过。

第五天，迫于高考的压力和你不在的精神打击，我已经要疯了。我已经肯定了你不会参加高考，从中考后你决定陪我留在柳城的那刻起。鸿鹄有属于自己的远方，你有自己想要的生活。你我拼命打工，挣的也只是你离开的路费。

于是我急匆匆地跑到你的教室，找到你的座位。你没有请假也没向老师说过什么，你的座位还兀自留在那里。桌上放着水杯，如我所料，你连东西都没有收拾。打开抽屉，我开始疯狂地翻找一切有用的东西，在周围人诧异的目光中于桌子抽屉的底部抽出了一张中国地图。地图被折起来了，但最外面的一页上还有一些圈圈点点的城市。一定是它，我毫不客气地把它带走了。

时候已是6月初了，高考迫在眉睫，18岁的夏天因为它而显得不那么摇曳生姿。像水塘里泛滥的水藻一样，绿色与它截然不同的紧张一同在空气中以温热而湿润的姿态繁衍。只有最后几天了，教室里“吱呀”着的电风扇，吟唱着10年后的我推开乌焦木门的声音，我频频地抹去汗，难以想象自己会这么认真地学习。和中考时截然不同，那么无所谓还会陪你去喝酒，但仓促的笔还是停下了，我在思考自己为什么要这么努力地学习，两年前咬住铅笔尾巴的我想的只有和你在一起，但前提是要拥有与你相当的成绩。而如今我放弃了你，却仍旧在这里做着并非我本意的事情，只是因为空气里的压抑因夏天的沉闷而格外浓郁，还有刻意模仿那些伏案的背影。

晚上我去了那家酒吧，想喝一杯“颜乱”以消愁，我的人生在你走后迷惘了，而你又走得那么突然，让我的大脑不知如何去接受。

接下来的事情是我最不想回忆的。高考结束后我的人生失去了方向，因为我确实考得不怎么样，在意料之中。我翻开了那张地图，上面圈圈点点的城市实在是太多了，我不知道渴望远方的你会在哪里。你走了这么久，直到今天我才想到要去呼唤你，我发现不知从何时起，我的人生就只有和你在一起才有意义。我只想和你在柳城的街道上一直走下去，只想好好学习追上你并和你在一起。而如今，你走了以后，我发现自己的生命化作了飘浮的空壳，手指用力一戳就能刺破。我思考了好久，终于决定要义无反顾地追寻你，在远方开启我们全新的生活。

离开柳城。

我把自己真实的想法一五一十地告诉了父母，果不其然，各种人都过来阻挠我，劝诫我，叫我不要这样，让我安安稳稳地去上大学，再回到柳城找工作……但当时我一定是傻了，我想的全部都是你，在我决绝地收拾好东西后，我就抛下了我在前面说过的那句大话，“我现在离开柳城，等我回来以后一定有出息得吓死你们”，随后便义无反顾地离开了柳城，像你当时一样。

真是愚蠢。

我问到了你现在的地点，然后告诉你我会在哪个火车站下车，叫你在那里等我。于是我看见幸福生活即将到来，乐滋滋地上了火车，等待与你在远方相见的瞬间。

但等到的却是你死去的噩耗。

远方，到火车站的那个下午是我生命中最黑暗的时光。我以为你又会坐在某个高处荡着双脚，居高临下地看着我到处找你，然后哈哈大笑着跳下来吓我一跳；或者唯美一点儿，你背着斜挎包，披一身夏天的阳光，倚着栏杆，一脸静止的迷醉，等我走向你，开启我们美好的时光。但你却迟迟没有出现。我整个车站地跑，把行李丢在一边，不顾一切地寻找。我呼喊着：“颜乱，颜乱。”

却始终没有人应我。上车的下车的人来了又散，散了又来。整个下午，我跑到再也跑不动，嗓子再也喊不出来时，你还是没有出现。我绝望了，回到我少得可怜、没人想偷的行李旁边，无力地坐下了。我不停地给你打电话，你却始终没有接听。怎么了，你到底怎么了，不会出什么事了吧？我安慰自己一定不会的，应该是堵车了，手机也没电了。

颜乱，你快出来，别和我玩捉迷藏了。

第二天早上醒来正不知道该往何处去时，手机却响了。那时火车站候车室的玻璃天窗上的天很蓝，我看着它看到想流泪，却在手机发出声响的瞬间扑过去抓起手机，是你打来的，听到的却是一句陌生的“喂”。我正在琢磨是谁，对方却先发话了：“他死了。”

我抚摸着那个角落，那是你的书架。我看到有一本笔记本放在很显眼的地方，将它拿过来，打开。10 年的霉黄，温柔的笔迹。我的手指微微颤抖，在我想到那个让我一生都崩溃的瞬间时，泪水夺眶而出，砸在你的字迹上。

一样的粉红色，专门记录我。

你只是我悲伤的载体，我不想过多地了解你的过去。我翻到有你笔迹的最后一页，那里，应该有我要的答案——本应出现在面巾纸团上的文字。我想，那应该能告诉我你为何要如此匆匆地离去，不愿停留。

其实答案，早已很清楚，我只是想要确认。

我的身后，是“太平间”三个大字。关于这段回忆，我不想回忆，我会用最快的速度把它给带过去。那时候，我整个人都傻掉了，无法接受也无法相信，就像你忽然让我答应和你一起走时的错愕。现实在用不间断的突然打击我。

我甚至不敢看你最后一眼。我来时你已经被推入了太平间，那些盖着白布的尸体，不知哪具是你。

为什么？我觉得生活一直在捉弄我，我想哭，却哭不出声。

颜乱，你终于死了。

那天下午，对你来说也是一个美梦破碎的下午。你一定是穿戴整齐，急匆匆地跑去车站等我。路上，远方的阳光不同于柳城，在这个美妙的夏天，一切都充满活力。自信的笑容绽放在你的嘴角，像诉说情话一般温柔地扯着，扯起夏天的裙摆，像少年时约定好在校门口相见，我欢快地跑来，带着跳跃的裙摆。夏天的阳光，给我们镀上金色，一切似乎都会是美好的样子。你想着过会儿要怎样与我相见，是坐在高处还是唯美静态，不料，一辆飞驰而来的小轿车夺去了你的生命。

恶俗，又是死于车祸。

司机算是有点儿良心，但我没有机会见到他。他一定是害怕了，他害怕我用爱情的力量把他揍飞，哼，我也不想见到他，就像不想见到那个政教处主任一样，这两个人共同造就了你的遇难。

司机把浑身是血的你带到了医院，马上开始抢救。你的手机等什么乱七八糟的东西都被抛到了一边，由那司机守着，那天早上跟我讲话的就是他，一听声音就知道是胖胖的那种，胖胖的都比较嗜睡。医生从下午开始抢救，抢救了一整夜，你的手机在胖司机那里，胖司机在手术室外等着。他是什么复杂心情我就不知道了，但他还是睡着了，我那么多电话他都没听见。第二天凌晨，医生宣布抢救无效，你死了。胖司机应该没有怎么惊讶，一切都在预料之中。这时他注意到了你有那么多未接电话，办完各种复杂的手续后，他终于回复我了，告诉我你死了。

然后我问出医院，等等，马上就赶过去了，但没能见到你，也没有见到胖司机。你已经进了太平间，胖司机可能已被警察带走了，我坐在太平间外，抬头透过玻璃窗看天，那天我觉得自己真的要死了，天却湛蓝，一点儿也不解风情。我抬起手遮住阳光，在手掌的阴影里，流下了泪。

我千里迢迢赶来，只为参加你的葬礼？

我默默地，在太平间门口坐了一整天。死去的亡灵在白墙内游荡，衬托出我的渺小与绝望。我孤独的身影在黄昏的余烬里燃烧，没有声音，却早已泪如雨下。

真的只觉得无法相信。

有两个男人过来了，说是你的亲属，要把你带走。我不认识他们，应该是远房的亲戚吧。既然有人来接你了，那我就先走了。抱歉，你死去的姿态我不忍心看，你的葬礼我也不愿意参加。我只是以一墙之隔，再守望你最后一段路。

再见了，颜乱，你有好多路我不能陪你一起走。

颜乱，你死了。

你是一个从小就热爱远方的孩子，柳城这种小地方困不住你。高二那年，我和你开始疯狂地打工赚取路费，为你实现远行的梦。你对远方是真诚的热爱与憧憬，你要彻底离开柳城，到外面广阔的世界，用自己不知疲惫的双脚，做一个不停的旅行者。

但你为何可以说走就走，为何又急切地想走，让我以为你的离开没有任何阻力？也的确，我离开的阻力比你大，因为十年零三个月前的一场大火，把你的双亲和家统统葬祭。

因为当时你在上晚自习，幸免于难。由于是自家不慎引起的火灾，再加上你也离开了柳城，这场火灾也不了了之。于是次日，没有了居住之所和挽留之人的你，被迫把梦想提早变成了现实，离开了。

都是粉红色笔记本告诉我的，也本应是恶俗面巾纸团告诉我的。如果我当初就知道了你离去的原因，结局是否会大有不同？

从你离开柳城开始记时，现在是十年零三个月后的一个8月尾巴，在外漂泊10年，想忘却忘不掉你的我回到了柳城，回到了你离开的地方。我正坐在那张还能凑合着坐的沙发上，又是大骂又是痛哭。或许当时只是你年轻气盛，只要你肯留到高考后再走，结局必然不同。抑或是没有政教处主任，那么也一定是我和你开启了全新的10年。

也许你是因我而死，但你也让我欠下了一辈子忘不掉的债。

而真实的10年我过得并不好，现在的我，无论如何也要回到过去那个平凡却安宁的柳城，十几年前有我和你在一起的柳城，没有远方可以一下子把你击死的大风大浪。事到如今，埋怨你的话我也不说了，怀念你的话我也不讲了，责备、怨恨我也提不起来了，我只是忘不掉你。说真的，颜乱，我现在只想你活过来，只想你回到我身边，别无所求。我生命中一再奢求的珍贵，只有再次拥有你，珍惜你，握紧你。这一定是一场长眠不醒的梦，然后由你把我叫醒，笑着告诉我，你在这儿。然后夏日阳光如泼墨，幸福荡漾开去。我一定会跃起来紧紧抱住你，紧紧地，再也不让你走了。

可10年了，这是真的，我只能乞求这是一场游戏。颜乱，你快出来，别和我玩捉迷藏了，我知道你在哪里。然后有少年倚着柱子，在阳光下扯着笑，静静地看着我。夏天多美好，你像当初一样，白衬衫、卡其裤，有栅栏、绿树、花饰，招呼我。我会走过去，牵起你的手，但这都不可能是真的了。

我只能回到过去，你我卖涂鸦 T 恤的夏天，绿树茂密，蒸腾着水汽。我们还可以一起去卖鸡柳，只要在一起玩就行。那些金色的裙摆，我也要。然后在阳光褪色的夏夜，我们品尝着夜风，可以去泡酒吧，可以去搞恶作剧，就算再让你往我头上扔恶俗的东西，就算再让我仰望你，就算只是在夜的柳城沿路一直走下去，我都要回去。

回去，有你的世界，颜乱。

文 / 刘元静

当思想与孤独成形

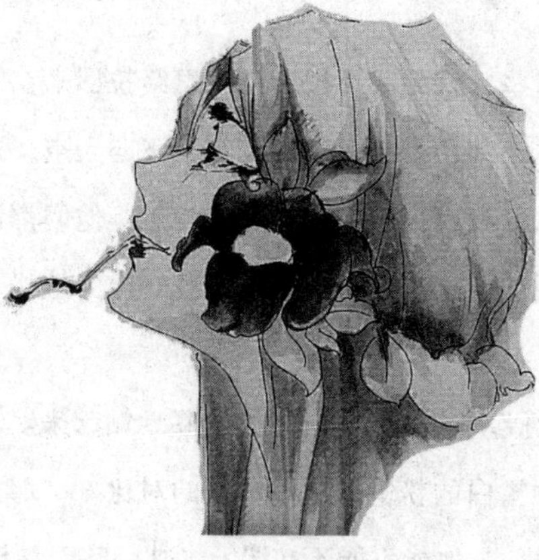

刘元静，第十八届全国新概念作文大赛一等奖获得者。

路灯将灯光懒懒地洒在地上，泛着黄晕，我下意识地向暗处躲去。

“我们因为看不见而恐惧无形之物，因看不见而敬畏无形之物。于是手中的剑，就此挥下。”死神的开场白如是说。正是因为我们看不见，那才可怕。我们总渴望并期待在恐惧这些摸不着边的东西上镶上边框，可当抽象变为具体，我们便不由自主地想要掌控。

或许普通人都有一个梦想，就是变得不一样，想让自己从多数人中剥离出来，投向少数人的怀抱，至少我是这样想的。我的确有点儿不同，比如想的东西，而松松总说我脑洞特别大，但她可以听得懂我在说什么。

天台上的风徐徐地吹着，像一只温柔的手抚着我的发。“有没有想过当人的思想可以看得见，摸得着，就是会空间化。”我对松松说道。“等等，你是说当抽象化为具体吗？”松松回道。“对啊，就是情感之类的，比如孤独。”我激动地说。松松小心翼翼地说：“这些东西有什么用呢？”我愣了一下，敛去笑容，她似乎也知道自己说错了话，双手放在身后说：“走吧。”我从护栏上跳下来，拉着她的手边跑边说：“快上课了。”

是啊，当我想起这些，就无法再把自己的思绪拉回来，它们像被放飞的鸽子，明明不知道要飞向哪里，却还是想要冲破牢笼，飞向天空，这也许是本性吧。可它们和这个地方格格不入，我对很多人说过我的构想，他们都说这只是异想天开，可松松不一样，她刚才说的话一定不是故意的，我好像为她找了个借口，轻轻地松了口气。

“24 号。”我听到老师在叫我的学号，我猛地站起来。“说一下我刚才讲了什么？”他的脸色与手中雪白的粉笔形成了鲜明的对比。“那个，嗯……”老师生气地将课本摔在讲台上说：“你能不能不在课上走神，整天在想什么？”

“想她的空间论啊，哈哈……”我前面的男生大声地说，然后发出一串像鸭子叫的笑声，真刺耳。“什么？我不管你在想什么，期中考试考不好，我再找你好好论一论。”讲台下一阵爆笑，像无数支无形的箭射中我，如果他们可以看到，会不会就不这样过分呢？

下课后，我无力地趴在课桌上，对安慰我的松松鬼使神差地说了一句：“如果无形之物化为有形之物，会发生什么？”“只有真正经历过才知道吧。”她略有深意地说。我拍了拍她那假装沧桑的脸说：“跟我跟久了也长学问了啊。”我从桌子上挺起身来，伸了个懒腰。“你有没有看到坐在你旁边的实习老师，很帅，很帅吧？”“有吗？一直在走神，没有印象。”松松一脸鄙视地看着我说：“就知道你没有看到，活该被老师骂。”“我发现很多人都在讨论那个实习老师，什么啊，长什么样？”我问松松。她一脸神秘地对我说：“就不告诉你，你自然会见到的。”总感觉松松笑得奸诈，错觉吧。

秋日的早晨，天还没亮。我走到早餐摊前说：“要两个包子。”当卖包子的老伯给我包子的时候，我看见他的周围有着长长短短的平行线与交叉线，它们看似很乱，但每一条线的交点都是那么自然精巧，像一件艺术品，它们拼凑成了一个空间，像活的一样，跳动着，直觉告诉我这一定是思想空间，多么美丽的空间。我感觉自己的感情一定无法用言语来形容了，几分惊诧，几分喜悦，几分恐惧，几分悲伤，几分愤怒，它们在我的身体里来回缠绕，一下子裹住了我的心，而它们仿佛还不够般向下探去，网住了我的肺，用力挤压着，将里面的空气一点儿一点儿排出，我感觉自己快要窒息了，我一定快死了吧。一个声音穿进耳朵，进到口腔里、呼吸道里。那些作恶的情感像是怕这声音般，从我的身体里撤离，但我不想清醒，我还沉浸在我能看见的空间之中无法自拔，我害怕，好害怕一旦醒来刚才看到的就像水蒸气一样，露出白色的面纱，还未揭开就消失了。

蒙眬中我看到一个人将什么东西放在我的手上。“啊，什么啊，好烫好烫。”我定睛看去是刚出炉的包子，我扭头盯向罪魁祸首，是个不认识的人，他不好意思地接过我手中的包子，用另一只手摸了摸说：“不是很热啊……”我瞪了他一眼。“是有些烫啦，对不起，你在想什么啊？为什么我每次看到你，你都在走神呢？”“你见过我？”我疑惑地问道。他惊讶地说：“昨天我还在你们班听课了呢。”他不会就是那个实习老师吧，怪不得不穿校服。但我已经没有心情去研究他了，因为我发现我看不到他的空间，果然，还是产生幻觉了吧。我强行扯动了一下嘴角，将他手中的包子拿过来。“谢谢，再见。”我对这位“路人甲”说。要在天亮之前赶到教室写作业，学习什么才是正道吧，我边想边拔腿就跑，我想快点儿，快点儿，再快点儿甩开这个世界。“别跑啊，等等我啊，我还有问题要问你呢……”风刮跑了他的声音，一起卷走了清晨的幻想曲。

终于到了，每个人都很幸运，有梦想的方向，像朝圣一样，一起拥向学校。不管你从哪儿来，最后都到达一个地方，不用思考就可以到达终点，不用将自己置于虚无缥缈、望不到尽头的黑洞。

天渐渐亮了起来，驱除了黑暗，雾气也渐渐散去，秋日的清晨是杯米酒，那么清冽。我突然又动弹不得，如果让失去糖果的孩子再得到一罐糖果，他不仅会停止哭泣，还一定会开心得手舞足蹈吧，我便是这个样子，我看到了无数的线条，浮动在人群中，在人们的周围，像《百老汇的爵士乐》中的线条一样，飞扬扭曲，是它们支撑了整个世界，是思想成就了世界，多么伟大，我像一粒沙子似的看着广袤的天空。“我也可以看到呢。”一个含笑的声音说，我一惊，在旁边看到了“路人甲”。“你说你也可以看到空间，你怎么知道我可以看到？”我皱着眉看着他。他又笑了笑说：“你一定有很多问题要问我，但时间不充足。”他指了指手表说，“今天下午课外活动的时候，我们操场见。”说完就走进了学校，我却不知道自己是怎么坐在教室里的。但早上过后，我又看不到空间了，怎么回事？我希望时间过得快一些，但它却像听不见我的祈求一样。我放下表，转身趴在松松的桌子上说：“如果我说我看到了空间，你信不信？”“你说呢？”她用笔敲了我一下，又和女生一起讨论八卦了。我没和松松说“路人甲”的事，不知道为什么就是不想告诉松松。“我有事先走了。”我向还在磨蹭的松松挥了挥手。“什么事？”松松问道。“没什么，走了啊。”我又向她打了招呼，向操场跑去。

远远地就看到了他立在林荫道边，树上的落叶被风吹下，像一场雨纷纷落下，他抬起手，扫掉碎发上的叶子，笑意盈盈地看着我。我好像受到了蛊惑一般，向他那边跑去。“现在可以问了。”他摊开手说。我有很多问题要问，所以有些无从开口。“为什么我突然可以看到思想空间？”我选了个最重要的问题问道。他接着我的话说：“现在又看不到了，对吗？”我轻轻地点头。“空间不会突然看得到，你应该在多日之前就可以看到了，不过想要看到空间，就要集中精神去思考，而普通人无论怎样努力也看不到。”他向操场中央走去，我在后面紧随着他，正午的太阳，虽不是夏日，也格外强烈。“那为什么我们可以看到？”我问他。他转过身面对太阳说：“你看看你的身后。”身后怎么了？我转了几个圈也没发现什么不对劲。“你还有影子吗？”他说。我的眼前一阵发黑，影子呢？我周围空空如也，树叶的影子在地上浮动，簌簌作响。

“这是代价吗？作为看见的代价。”我想我一定很冷，不然我的声音为什么这么颤抖。“你怎么会这样想，这是赐予啊，能看见空间不是你一直想要的吗，是一种幸福，不是吗？”他低声说道，“影子是拖累的存在，它只会限制你的思想，占用你的空间，它的失去是最好的，难道你只是叶公好龙吗？”

“不是的，当我孤独的时候，只有影子，它会听我说话，像忠实的朋友，虽然它不会回应，但我能感觉到它。”我顿了一下，又缓缓开口说，“我不知道为什么，那些空间的东西像本来就存在于我的脑海中一样，一直源源不断地向外流，我相信它的存在却得不到它的回应，像被神抛弃的信徒一样。”“真的很重要吗？”他哑声问道。“是啊。很重要呢。”我轻轻地说。一抬头发现他在定定地看着我，眼中水波潋滟，他像鼓起勇气想要说什么，但一触及我的目光后又像一只被扎破的气球一样，默默地瘪下去。他幽幽地道快上课了，让我快点儿回去，我看了看时间，即使不甘心也只能告别了。

在后来的几节课我都在想今天的事，放学后，我和松松说了声再见，向外走去，做梦般走到路灯下的站牌边，路灯将灯光懒懒地洒在地上，泛着黄晕，我下意识地向暗处躲去，羡慕地看着地上一群浓厚的影子，但有一个格外单薄的影子非常明显。我抬头看去，是那个笑起来像鸭子的男生，他的笑声在哪儿都很明显，但那个影子却不是他的，是另一个男生的。我盯着那个影子看了一会儿，突然一股股线条在眼前飘浮着，是那个男生的思想空间，真乱啊。黑色的、干枯的线条，只有一小部分可以流动，像失去了生命，他和自己的空间一样没有活力。黑色的碎发挡住了他的表情，他拿着手机玩着什么，我好像见过他，邻班的，是个除了手机什么都不关心的人。

“嗨，你也在等车？”是“路人甲”的声音，我停止思考，空间迅速消失，他在向我挥手，我发现他竟然有影子，为什么他有影子？他的影子黑得吓人，但像不合身的燕尾服，不服帖地穿在他的身上。“这不是他的影子。”一个声音在我的耳边说道。我一惊，是什么？他已经走到我的面前，“别理他，快走。”那个声音又说，但这次，它好像可以控制我一样，支配了我的身体，我不受控制地向另一个方向走去，但我却不知道要走向哪里，停下来，停下来，停下来啊，为什么会这样？他并没有追上来，好像知道我发生了什么，他好像将什么放进了我的口袋。我想回头看看他，但我什么都做不了，我只能向前走去，黑暗吞没了所有光线，像心中的破洞一样深。

“嘿，你怎么向这边走？”松松骑着电动车，停在路边对我说。与此同时，我好像脱离了那个声音的控制，我的思绪很乱，我走到马路边看着松松，呆呆地站着。“又走神了，你最近怎么越来越不对劲了？真是的。”松松用手在我的面前扫了扫。“嗯，我走过了站牌。车开了，我先走了。”我对松松说，然后向前跑去，我回头看了松松一眼，她站在原地一动不动。当我回去后，“路人甲”已经不见了，我从口袋中掏出那个东西，是白色的纸，撕得并不完整，字也很潦草：明天中午去操场，你会知道一切。

时间是夏日的雪花，只要一会儿就会融化。我和松松说中午不和她一起吃饭了，她也没说什么，只用一种复杂的眼神看着我，夹杂着丝丝的悲伤。中午的太阳像光亮的镜子，照射出我所有的秘密，但太阳不知道，没有人会关心一个人有没有影子。

在远处看到他的身影，像一只折翼的鸟儿，仰着头孤寂地欣赏天空的美丽，他对我说“嗨”，然后继续看着天空，我们像默契的朋友，谁都没有说话。突然他说：

“快到正午了。”他开始展放思想空间，他的能力可真厉害，可以使用这么大范围的空间。他用手指着一个男生，是那个笑起来像鸭子的男生，他在剥离空间，他在“偷”影子。那么说，那个人的影子是他破坏的，我愤怒地挡住他：“你在干什么？”他像听了什么笑话一样说：“你还真的什么都不知道呢。”又开始动起来。

“你不能这样，”我挡下他的手说，“世界会崩塌的，世界不能没有构架。”我看到他身后的空间已经开始裂缝了。他推开我说：“你是宿主，你可以离开影子，而我不可以。”他竟然是影子。“你到底是谁？”我问道，我看见裂缝碎成了片，大块大块地向世界之外的黑洞落去，那个黑洞像贪婪的大嘴，大张着，吞噬着思想碎片。他温柔地对我说：“我们是一样的啊，我就是你，你就是我。”裂缝蔓延到他的脚下。“我和你是一样的啊，名字和你的一样，青争……”我就那样看着他掉进黑洞，他震惊地看着我，消失在一片黑暗之中。

我向身后看去，久违的黑色，我无奈地笑了笑，笨蛋，谁会允许自己的影子有思想呢？“那样的话，世界的孤独也不能有自己的思想了。”是那个可以控制我的声音，我回头看去，是松松，“这便是思想与孤独成形的世界，我的孤独。”竟然是松松，她说的是我在天台上问她的问题，这是答案？那她是世界的影子？“跳下去。”我听见她说，我的思想已经背叛了我，我一点儿一点儿地向黑洞迈去。

在掉下去的那一瞬间，我看到松松的背后站着那个笑起来像鸭子的男生，正将手推向松松……

摧毁我们的往往是看不见的东西。

PS：

“我”是松松的孤独；

“松松”是世界的影子；

“青争”是“我”的影子；

“笑起来像鸭子的男生”是世界。

文 / 刘元静

莫比乌斯

刘元静，第十八届全国新概念作文大赛一等奖获得者。

尽管沉默从没消失过，但此刻似乎已经蔓延到顶点。

她就那么红了。

毫无征兆地、让我们每一个人都猝不及防地，她红到了一个不可思议的地步。

我一觉醒来，就看见微信里唯一没有被屏蔽的群炸开了锅。

时间是早上 9 点，我很少这么早起，有一瞬间甚至觉得这几千条未读微信是一场梦。

只休息了四五小时的眼睛还是酸涩的，手机的亮光有些刺目。我揉着左眼，眯起右眼，快速上划着聊天记录。

密密麻麻的记录里，我看见了几张截图和一张电影海报。

海报上她单手勾着廖晨的脖子，一件紧身红裙，展现出她前凸后翘的身材——廖晨是几个月前刚刚夺得国际电影节影帝的当红男星。除此之外，导演和编剧后面也都署着如雷贯耳的人物名字。

这谁 PS 的？也太厉害了吧。

海报下面就有人把我心底的想法问了出来。

我清醒了一大半，心不知怎么被吊起来似的，有种不着地的不舒服。

明明是跟我没什么关系的事。

发图片的是小安，她回复了一个微笑的表情，说你们自己去微博看热门吧。

我没继续看她们聊了些什么，迫不及待地点开微博。

我盯着被顶到热搜的海报发了会儿呆。她几乎换了张脸，欧式大双眼皮，开了内外眼角，垫鼻梁，缩鼻翼，丰唇术，比从前小了一半的脸，还有全新的名字——但是就像炸了锅的群里的每一个人一样，我知道这个人，就是她。

竟然是真的。

半年前还和我们同在一个“商务专用群”里，白天一起做礼仪，晚上一起坐台的她，竟然就这么火了。

当然，能红是我们里面大多数人的目的。

这个群里 40 多个姑娘，大的不过 28，小的才刚刚成年，都有张看得过去的脸，都身材高挑，要么瘦削要么丰腴，身上的每一块肉都带着青春的味道——这样的人，怎么会甘心一辈子拿自己只有一次的青春换每天晚上的八百一千？

我们和混迹夜店的女孩儿不同。她们多数是北京本地人，次一点儿的也是远郊区县的。为了钓凯子，为了混到免费的吃喝玩乐，她们是玩得乐在其中。

而我们中间唯一的“北京人”也是3岁从河南随离异的母亲来的。或许出身不算苦，但是我们都需要钱。或许是为了在北京立足，或许是为了家人生活优裕。我们上班备受折磨。

除了个别几个来自农村，真的是上有病入膏肓的老人，下有等学费、等饭费的弟妹的是为了钱，这里面的哪一个人不是憧憬着自己有一天可以一夜走红，才会在每天晚上喝酒喝到三四点之后，还赶在下午起来去一个个可以接触到名流的Party、车展上做礼仪——那几百块劳务费，我们早就不在乎了。

可，怎么会是她？

她叫刘莉，至少从前我们这么叫她。她就是“高端商务群”里我所谓的那种少数人——三线城市的农村人，上有老人、下有弟妹，为了医疗费和学费17岁来北京坐台，刚进群的时候她是我第一个认识的人，那年她20岁。每个人都了解她的情况，有价钱合适的皮肉生意总会优先问她，晚上KTV里试房的时候也格外让着她。

但她长了一副苦相，虽然也是纤细的高挑身材，鼻子嘴巴算是端正，还有双算是出挑的丹凤眼，但说不上来，就是长相里永远带点儿那种来自童年，来自出身的苦，不招客人喜欢，常常试了十多个房都坐不上台。

我们同情她。

“这个婊子。”

群里弹出了一条新消息。发布海报的小安简而有力地做出总结。

我这才想起，大概三个月前，她退了群，也不再来上班。碰上了吝啬的客人有两千的快餐活儿的时候，没人愿意去，联络人习惯性地找她也找不到人。

小安和她最好，也没有得到任何消息。她删除了我们每一个人，清空了朋友圈，注销了电话号码，消失得彻底又干脆。

而我对她最后的记忆，是她消失前一天上班，和我坐了同一间房。

那天试房客人第一个选中的就是她。她没穿土气的工服和小礼裙，简单的白衬衫和牛仔裙搭配马尾辫，在成熟打扮的人群里显得格外抢眼。

我们想方设法躲酒，含在嘴里转身吐掉，抿一口就倒空酒杯。她却一反常态，帮我挡酒，一杯接一杯地猛喝。喝到最后客人兴致上来，白酒啤酒红酒三种全上。拿酒水提成的经理笑开了花，抽空偷偷塞给了她一百块。

我和另外两个坐房的姑娘交换了个不满的眼神，心里早已怨声载道。这么喝下去，别说翻房了，就连能不能天亮前下班都是个事。

几杯白酒红酒掺着下肚，我装了少量啤酒的胃里开始翻江倒海。看出来几个客人的兴趣都在她身上，我心一横，干脆伏在红丝绒沙发边上装醉。

一伏下身子，风景就大不相同。她的裙子拉链已经洞开，两个客人的手都伸到了她的紧身牛仔裙里。一只手在上面死死搂住她，另一个人还在一杯接一杯地劝酒。

我有些反胃，却抬眼看到她媚眼如丝，笑到双下巴都显出形来。

那天没过多久客人就走了，掏出三万块钱当着我们的面一人给了一千，剩下的全都塞给了她。然后几个人夹带着她离去，笑容猥琐而淫荡。

说实话，那个时间的心情是嫉妒并且不屑的。这笔钱不是个小数目，而她只需要闭上眼睛躺下承受几小时的恶心。

我难得迅速地从床上爬起来，打开浏览器搜索着海报上她的新名字。

网络上对这个叫作林希予的女孩儿介绍内容少得可怜，一眼看到底，各大网站无外乎一种说法。

19 岁，重点高中毕业，还没上大学。高考结束暑期逛街时被星探发现，签约某经纪公司，被某著名导演相中，送美国深造一年，即参与廖晨主演电影《×××》，担任女一号。父亲为军人，母亲是钢琴教师，所以林希予自幼学习钢琴，擅长多种……

我看不下去了，笑出声来。

现在的人，真是什么金都敢往自己脸上贴。不过这些比起她更名改姓，小了3岁，还换了张脸来说，又算得了什么？

我回到了微信群想说点儿吐槽的话，却在之前的几千条对话中看见自己的每一句台词都被抢了先。都是有着哄客人的伶牙俐齿，此刻阴阳怪气地损人也是花样百出，几分钟我就看乐了。

接下来的几周里，她成了我们的中心话题。

电影上映，和廖晨传绯闻，接新剧，搭档韩国当红小鲜肉。林希予的名字牢牢占领着热门和头条，像病毒一样飞速扩散到每一个人的认知里。

那几天，听到咖啡厅里陌生人聊起她的时候，我总有一种认识甚至亲密的人成名的愉悦感，又有一种如今对她已经陌生甚至算不上认识的感觉……那种感觉让我产生了错觉，好像真的是她成名之后背信弃义地远离了我们。

就像我没想到她会红到发紫，我也没有想到重逢的日子这么快。我碰到了她。

在一次车展现场，她受邀去做剪彩嘉宾。她迟到了些，记者们的大枪小炮已经候着，将近半小时后她才姗姗来迟。她化着精致裸妆的脸微笑着，穿了一身Osklen最新春夏系列定制款长裙，从黑色商务车里下来就被记者和车品牌CEO团团围住。

她意气风发，经过调整的脸上再看不出丝毫从前的苦相。

我想起小安曾经劝她一起去美容院微调脸部，才花个几千块钱，要么就买几件好点儿的、有质感的裙子，客人喜欢了，也好坐房。她却舍不得，觉得几千块已经够她妈妈四五天的续命钱。衣服还是穿旧的，要么就借别人穿腻歪的，怎么劝也想不开。

我看着站在台上得体微笑的她，突然有些怀疑这个人究竟是不是刘莉。还是真的仅仅是从美国回来、家境富裕、从小学习钢琴的林希予。

我听见记者问她："为什么这么多知名导演会选择你？很多人说你后台很硬，对此你怎么看？"

她巧妙地避开视线，看向旁边一脸八卦的娱记。

"你和廖晨真的交往了吗？"

"我们是关系很好的搭档，很合拍，也仅此而已。"

记者又问："听说你现在的出场费已经超过了包括廖晨在内的影帝影后，是真的吗？"

她不卑不亢，像是练习过很多遍一样老到熟练："我为崭新的自己付出了努力和代价，我只能说，我的努力得到了与之相符的回报。"

不知怎么这句话在我听来有些刺耳。如果每一份努力都会获得相应的回报，这个世界早就改名叫乌托邦了——况且，不过是抛弃了家庭这个累赘，也算得上努力吗？

大约是刚认识她的那年，我们彼此刚刚熟悉起来，在某个很早就下班的夜晚，我去了她家里。就是那一天，让我意识到，钱在人生中承担了一个什么样的存在。

坐台小姐，在八百一千的高端场子，月入两三万不是一件难事。偶尔出个台，纵然她的行情不好，每个月的保底也总有个三万块。

而她的"家"，唯一还算得上助力的母亲，高位截瘫、大小便失禁、在床上躺了快 3 年的父亲，两个八九岁的妹妹，和一个 3 岁出头得了慢性肾炎的弟弟。

她的妹妹和母亲都格外沉默寡言，见到我如同透明人一般，母亲收拾着床上的狼藉，指挥着两个女儿帮床上一团烂肉似的男人翻身。

唯一对我的到来有反应的是她弟弟，粉雕玉琢的小脸有些惨白，但灿烂笑容还是让这个不足二十平方米的房子显得亮堂了些。

她习以为常般把钱塞给了母亲，除了偶尔来自床上一团烂肉的呻吟声，一切都像演默剧般安静。

我们挤在她的小床上快要睡过去的时候，她突然来了一句：“你们挣的是钱，我挣的只是无底洞。”

我未曾言语。因为昏昏沉沉，分不清梦境与现实，甚至不确定这句话是不是我的幻听。也因为我不知道该如何出言安慰。

我没有一个需要五十万来换肾的弟弟，没有一个每个月都要两三万花销的爸爸，也没有一对需要缴纳学杂费，还因为没有户口不得不送足了礼才能上学的妹妹。

就算我心里此刻涌上来无限莫名的酸楚，我也无法感同身受。我没有资格来安慰她。

而站在台下的我知道，如今光鲜亮丽的林希予，挣来的一定是钱，不再是无底洞。

林希予坐台。

林希予原名刘莉。

林希予 ×× 照。

网上铺天盖地出现这些东西的时候，是深夜零点多。我刚刚下班，刷着微博，热门在一瞬间被这些关于她的一切充斥。

太多的事情不在我的预料之中，从最初的惊诧，我竟然慢慢习惯了出乎意料。

“高端商务群”里此刻很安静，远远没有她爆红那天的几千条热闹景象。

我成了第一个发送截图的人，却没有收到回应。或许是因为大部分的活跃人群还在工作，也或许是因为，这件事对于她们，不再像她红了那样出乎意料。

匹诺曹的鼻子，早晚会出卖了他的谎言。

那天睡前我叹了口气，明天每一个人都会知道真相，但至少我终于不是最后一个了。

第二天，我睡到自然醒，微信群里依然安静异常。与此截然相反的是微博，一段她坐台时任由客人动手的视频在网络上铺天盖地，发布，转发，评论。

视频才播了几秒，我身上的鸡皮疙瘩就争先恐后地冒了出来。这画面再熟悉不过，就是她消失前那天和我在同一间房里的录像。

网友扒出了模糊画面中两个男人的身份，著名的演员经纪人 X 和编剧 Y。聪明的网友把一切都联想到一起，心中已经有了属于自己的解释和故事。

她发布着公益和美照的微博底下谩骂过万，少数否认视频中女主角是她的粉丝也在渐渐动摇。

而一切的崩塌始于廖晨对坐台视频的点赞，和对她的取消关注。

尽管她从头到尾未发一声，但视频的女主角还是在时间点滴的流逝中被坐实了。

我知道，她大势已去。下一步就是电影解约和数不尽的官司，这不到半年的红到发紫，终于以紫到变黑作为结束。

再次见到她，是在医院。经历了这种风波后，她格外纤小的身体被笼罩在宽大的运动裙里，黑色墨镜遮住了大半张脸，也隔离了所有情绪。她步履匆匆，和每一个求医的人有同一张脸。

我看见她步入了皮肤科，粗心大意得甚至没有注意到身后一群同样黑衣的狗仔队。

我也无暇理会，她已经失去了商业价值，臭名昭著，谁会再愿意看她的琐碎生活？我只是有几个问题，迫切地想去问问她。

她拎着大大小小两袋子药，离开医院驾车离去。我驱车跟在她身后，心里不知怎么略感欣慰，她过得还不坏，没有像我想象里那样因为违约和官司而身无分文、负债累累。

她的车停在了一所高级公寓前。

我追上她，轻轻拍了拍她的背。她一个激灵，条件反射般瑟缩。直到发现是我，紧绷的身体才松弛了些，默然地允许了我跟在她身后。

我问她："你在怕什么？"

她沉默了很久，无论我问些什么，一如那天夜里我看见的她母亲和妹妹。

我信步参观着她的高级公寓，一百二三十平方米的房子，因为白色壁纸、白色地砖和白色家具显得凄惨凋落。

她坐在白色的沙发上，把刚刚医院开的瓶瓶罐罐依次打开塞到嘴里，就着一杯白水。

微博的更新提示声响起来。

刘莉的照片再次上了首页，他们说她得了性病，接客太多闹的。也有人说，天天 3P，不得病都新鲜。这种败类，赶紧病死算了。

微信群也适时响起来。有人带着兔死狐悲的悲悯，也有人有着非我族类的尖锐。

她什么也不知道，安静地吞咽着药片。

我想问问她是不是真的得了性病。可是看着她，我却不自觉地问："你弟弟呢？"

空气似乎凝固了。尽管沉默从没消失过，但此刻似乎已经蔓延到顶点。

终于她开了口："我以为，我可以做一次别人。"

我听到了结局。

这个故事里唯一的在我意料之中的结局。

那一刻我想唾弃她，想用尽世间难听的词对她恶语相向——直到我的身体飘浮起来，而往事一幕幕在我眼前浮现。

弟弟肉嘟嘟的小手握住我的手，他说："姐姐，我很想你，但不想你这么早就来陪我。"

他还是那个粉雕玉琢的模样，用小手一下下地擦着我的眼泪。

我抱住他，说："对不起。"

他却从我的怀里滑了出去，越来越远。

他说："姐姐对不起，你要好好的。这个世界上，只有你最不该和我说对不起。"

他消失了。

我低头看着伏在桌上的娇小身体，一点点和下降的我重合。

我想，无论如何，我会熬过来。

文 / 刘元静

唐人

刘元静，第十八届全国新概念作文大赛一等奖获得者。

她试探着靠近，靠近那个活在她未成熟的记忆里的人，靠近那被她抹去的两个字。

我驾车在首都六环路上，一辆大众小破车，开足马力，目标只有一个，首都机场。

半个小时前，唐那打电话给我，话音含糊不清，这一句叫我小周，下一句就是老周，隔着两层手机屏幕我都能感受到他冲天的酒气。但是从他醉得歪歪扭扭的描述中，我倒也大概理清楚了，他女儿今天从意大利毕业旅行回来，他没法去接机了，让我帮个小忙。我问几点，唐那大着舌头回答两点半，想我迷迷糊糊还在午睡就被他一通电话使唤来使唤去的，百般无奈之余瞄了一眼表，靠，这都马上两点了。于是骂了两句娘，却又不敢怠慢，急急忙忙顶着8月晒死人的太阳驶上水泥路，生怕晚了一会儿他那宝贝女儿又得变着法整我。

唐那的女儿叫唐娜，唐那今年44，唐娜今年22。这听上去就像顺口溜一样，不过这就是事实。这一对父女的生活，也像这句话带给人的感觉一样，绕开互相定下的关于悲伤的禁忌，在无数巧合的小故事中磕磕绊绊地欢乐度过。

顺便说一句，我今年33了，认识唐那的时候，我才18岁，还是一没见过世面的大好青年，拿着一张红彤彤的录取通知书，带着对大城市的满心向往，坐上了去往北京的火车。就是在这节车厢里，我遇见了正处于人生最颓唐时期的唐那，以及让我至今猜不透的7岁小姑娘唐娜。

唐那当时穿一身一看就很久没洗的西装，打了一个别致却优雅的领带，穿着锃亮锃亮的皮鞋，依我18岁的丰富阅历，当时就猜这家伙大概是一出差白领，现在正要风尘仆仆地赶回公司。所以，当唐那把身边那个清秀的小姑娘交给我的时候，我被吓了一跳，难道社会上还有带着孩子出差这一说法吗？暗叹自己果然还是太年轻了。

唐那对我恐怖一笑，说："小伙子，我想去个卫生间，这丫头不太听话，帮我照顾一下可以吗？"我本着为社会服务的心态，赶忙应下来，说："好的，好的。"

后来我问唐那："你就不怕自家闺女送我手里，被拐卖了？"

唐那高深一笑，说："你手里的名牌大学通知书就差招摇过市了，看你小子得意的一脸神色，我就知道你肯定是那种，咳咳，傻愣傻愣的好人，我也就不懂了，依你当时表现出来的智商，怎么就考上了北大呢？"

我语塞，当作没听见，不再理他。

当年那一照顾就是半小时，我寻思着怎么去个卫生间还能出啥意外吗。闲着没事，就和唐娜聊起了天。我说："小姑娘，你爸爸怎么还不回来？"其实这是我不好意思问你爹是不是便秘。唐娜一撇嘴，说："爸爸肯定又哭鼻子了。"

"爸爸怎么了，要哭鼻子？"

"因为妈妈走了。"我暗暗心惊，想着看来又是一出家庭悲剧，再问下去就是他的私事了，只好历经沧桑般地叹了一口气，没再说话。

好容易等到唐那出来了，我赶紧对他同情一笑，他顶着两个大红眼眶，连声说谢谢。

那趟火车是下午发的车，到了夜里，唐那把自己整个裹进被子里，也不管唐娜了。

而唐娜坐在卧铺旁的座椅上，拉开窗帘，看着窗外单调重复的昏暗景色。

虽然我才 18 岁，可也隐隐有了点儿天生父性，看着有些心疼，就抓起外套陪她坐着。

不知道沉默了多长时间，唐娜从口袋摸出一块卫生纸，擦了擦鼻涕，对我说："哥哥。"

10 多年以后，当唐娜掩着嘴巴用一口台湾腔对我怪叫"蜀黍"的时候，我除了感叹岁月是把杀猪刀外，还无比怀念 7 岁的她，不加掩饰地叫我的那一句——哥哥。

她流泪了，清泪从她精致的脸上滑落。她举起软绵绵的小手，在窗子的雾气上写了爸爸两个字，写了妈妈，又用擦过鼻涕的纸擦去了，仿佛是意味着再见。

7 岁的孩子，究竟懂得什么呢？唐娜大概是用最本真的心灵，去体味一个人离开的意义，然后拥有了细腻入微的悲伤。

从此以后，除了她和唐那撒娇哭鼻子，我真的没有见过她真心的泪水了。

当然了，也再没见过唐那从被子里露出的一双看向唐娜的红肿眼眶。

好容易赶到了机场，已经 2 ∶ 36 分了，还是晚了 6 分钟。我想着这下惨了，丫头肯定不知道浪到哪儿去了。问了一下机场工作人员 2 ∶ 30 分意大利的飞机到了没。化着浓妆的女青年动了几下鼠标，告诉我："对不起，我这里没有查询到两点半的班次，但是有一班是四点到的，您是不是记错了？"我当下只得尴尬笑笑，装出一副"对啊，我肯定记错了"的样子，心里暗骂竟然被唐娜给诓了。

于是我拨了她爹的号码，冷笑道："唐爷，您闺女骗了咱，这里只有四点的班次。"

唐那打了一个酒嗝，夸张地哈哈大笑，说："谢谢啊，周爷，唐娜那丫头果然是在耍我，没赶过去果然是对的，我就知道她肯定不是两点半的飞机，真当她爹啥话都信啊。"说完又连打两个酒嗝，再接上，"哎呀，什么，你说是四点的飞机？这丫头，怎么能骗我呢？骗我也不能骗她周叔啊，哎，女大……"我猛地挂了电话，继续冷笑。好啊，一起骗我。要不是周爷我脾气好，我就去掀了他们家小破楼的房顶。

唐娜一直都是古灵精怪又玩世不恭，鬼点子特别多，这些年我和唐那没少被她骗。

我骂归骂，心里想的却是这机还是要接的。来都来了，还要回去再过来吗？

于是在附近找了家小店，点了点儿东西吃，脑袋里回荡着唐那和唐娜两个人笑得放荡不羁的魔音。

唐那是师范大学化学系毕业的学生，但是没有选择教师这一职业，而是大三时就开始鼓捣一家化工厂，头几年经营得还是不错的。和大学交往四年的女友季洁一毕业就结婚，可谓商场情场双丰收，两人也跻身了当地名流之类的。这样得意美满地过了六年，工厂的管理出了问题，而且一发不可收拾，很快就惨死在了激烈的市场竞争之中，为了赔偿欠款，他几乎耗尽了全部的积蓄。头一年，三个人一起，日子虽然艰难可也算过得去，其间季洁劝他先找个别的工作，可唐那商业帝国的梦想还搁那儿一直保鲜，怎么也不愿意。第二年，她终于委婉地提出离婚，唐那才如梦初醒，自尊心让他连挽留都没有挽留，颤抖着在离婚协议书上签下了自己的名字。然后坐上了那列火车，在首都成了一名光荣的人民教师，和唐娜父女两个，过着普通平凡的生活。

唐那和我提起季洁时，总是说："她很温柔，连提离婚都拐弯抹角的，不想伤害我，她真的很好，我知道，那时候的我，没本事留住她。对了，她还很会生活，特别会打领带，打的领带又别致又帅。"

有一次我去唐那家里吃饭，是一个陌生的漂亮女人开的门，她留着长发，松松挽到耳后，踩着银白色的高跟鞋，气质绝佳，衬得这间九十平方米的房子熠熠生辉。我以为老唐终于开窍了，不在一棵树上吊死了。谁知道唐娜的声音幽幽地从背后传来："原来是周蜀黍啊。"她狡黠地笑了下，说，"这是我妈。"

这情况就很尴尬了，我赶忙说："这样啊，那我就不打扰你们了，你们聊，你们聊。"

谁知道唐娜扑上来，拉住我的手臂，说："哎呀，周叔来了怎么要走？留下来吃饭啊，没什么不方便的。"说着就要开始撒娇，唐娜长得本来就可爱，一发起嗲来我更受不了，赶快答应了。开玩笑的时候，我问唐娜："你这撒娇的技能从哪儿偷学的，不会是你妈吧？"说完自觉失言。唐娜一拍桌子，说："哼，我妈才不会撒娇呢，她就会那种笑，就是又温柔又优雅的那种。"

我走进了唐那家里，看见厨房里热气腾腾，传出火辣的香气。

季洁偶尔礼貌性地对我笑笑，然后就是一直看着唐娜，母亲再怎么样还是爱自己的女儿的。我实在不自在，就进了厨房找唐那。

唐那在里面，端着个锅，拿勺子的手都不稳了。我说："兄弟，别慌。"

"哥不慌，哥有底。"

接着又开口抱怨："我让唐娜那丫头买点儿菜来，她尽买些鸡鸭鱼肉，还有辣椒，不知道她妈只爱吃清淡的吗？哎，她其实最爱吃西餐，可我现在，实在是不能带她到像样的西餐厅吃饭了。"说完，唐那又搓搓手，把菜装好了盘，我和他一起放到了唐娜和季洁的面前。

季洁皱了一下眉，旋即理解地笑笑，对唐娜说："小娜，你爸说你喜欢这些，赶紧吃吧。"

唐娜跷着二郎腿，说：“我最喜欢爆炒了。”

她然后又招呼我：“蜀黍，你也来，坐过来吃。”一脸痞气的样子，让我恨不得把她那张如花似玉的脸揍到地下。

那一顿饭吃得我浑身不舒服，也被唐娜气得恨不得把她揍到地下。季洁吃了一点儿，失望般地叹了一口气，起身告别。唐那赶紧起来去送，季洁说：“老唐，不用送了，我这次过来看看女儿，她这样也挺好的，你很爱她，知道炒她爱吃的菜，我很放心。”

季洁走了。唐娜一瞬间软了下来，对唐那说：“爸，你怎么还忘不了她？”

唐那语无伦次，说：“我……我也没……”

唐娜瞪着一双锐利清澈的眼睛，我知道，眼睛变大，就可以存蓄更多的泪水，不会流下来。

唐娜说：“爸，我出去走走。”

唐那点点头。

我看着气氛不妙，脚底抹油想溜，唐那说：“小周，你就别走了吧。有菜又有酒的，陪老哥喝会儿吧。”我放下拎起的公文包，说了声好。

唐那给自己倒了一杯，又给我倒了一杯，说：“来，酒精是个好东西呀，看着它我就想到当年的化工厂了……”

我说：“唐娜和她妈，真不像啊。”

“像，怎么不像了，都一样好看。”

“是都美，但是季洁一看，就是那种优雅的人，我终于懂了你为什么说你留不住她，她的气质，就是社会名媛的那种，生来注定了的。但是小娜就不同，有很多小聪明，心眼多，更适合混迹江湖啊。”

唐那一杯酒见底，摇晃着酒杯，苦笑着说：“小娜她，一直放不下和季洁的芥蒂，她，努力活成和她妈相反的样子……说是什么不想伤害别人……”

我没有说话，针不扎在自己身上，怎么感同身受？只有陪他，一直喝下去，只有无能为力地看着一个大男人，慢慢垮下来。

3天以后的深夜，我的电话响了。接起一听，是唐娜的声音，她低低地说："周叔，帮我个忙好不好？"

"杀人放火的我可不干啊。"

"不是……我妈……明天就要走了，能不能带我去机场，我想去送送她，不想让我爸知道……"

我愕然了一下。

"好，这个忙你叔帮了。"

第二天一早，她逃了课，我载她去机场。为了寻找季洁的身影，她满机场地乱转，终于看见了等待的她。

她一步步地走过去，仿若失去了曾经的灵气和骄傲。宽大的校服下，更显得她笨拙而缓慢。我想说，唐娜你快一点儿。可她还是那么慢，试探着靠近，靠近那个活在她未成熟的记忆里的人，靠近那被她抹去的两个字。

季洁站起来，捕捉到了唐娜的身影。她开口叫了一句："小娜。"仿佛在催促。

而唐娜却仍然，仍然缓慢地行走，原来，她也会害怕，也会迟疑不决。

几个西装革履的人走近季洁，每一个都精致干练，举手投足间显示出一种与平凡绝不相称的气场，这是多年的锻炼才可以养成的气质。但是有的人其实天生拥有，比如季洁，也比如，唐娜。就算她穿着校服，就算她没有光华。

我看到她从突兀尖利的唐娜，变成了自然温润的她。优雅在一言一行、说说笑笑，不动情绪。

我只能感怀，只能失落，作为剧本的旁白。

电话一响，我点开。

那头是唐那的调侃："看果然啊，有些东西还是血缘决定的。"

我说："老唐，别装了，男人哭吧哭吧不是罪。"

在那个古老的不再回来的夏日

无论我如何去追索

年轻的你只如云影掠过

而你微笑的面容极浅极淡

——席慕蓉

2
灰鸟

文 / 孙凝翔

灰鸟

孙凝翔，笔名：朴生。生于小镇，目前居住在另一个“小镇”。搬家次数比朋友略微多一点儿。与人交流略有障碍，和计算机感情良好，并认为写代码和写字的形式相仿。曾认真考虑过念音乐学院或是戏剧学院，目前的想法是念 Creative Writing，但也有可能去做程序员。喜欢王小波和卡尔维诺，认为小说的本质应该是“可能性”。但不论是程序还是小说，写出来的东西大多没谱。“华东师大杯”第十七届、十八届全国新概念作文大赛二等奖获得者。

“你终于跑得比我快了。”这是灰鸟对我说过的最动听的话。

一

我离开灰鸟3年了——或许说灰鸟离开我要好一些。毕竟他是鸟，而我并没有羽毛和翅膀。

我和故人很少联系。

这件事情是合情合理的，尤其是对我来说——我尽量将自己当成早就被证明不存在的“理性人”，这样大概能让生活变得有条理一些，至少会增加一些效率。

保证了效率的结果就是我3年以来就和灰鸟联系过两次，每一次都在12月左右，不是故意的，偶然为之。但我宁愿把这未经检验的偶然当作规律，并且为了维持自己的发现，在今年的冬天给他打一个电话。如果打不通的话，就等他打电话给我。

在今年冬天到来之前，我想说说我们最近的那几次联系。

前年，我在福州晒太阳的时候，他忽然给我打了个电话，说他现在在一个曾经的女校，男女比例失调很严重，他在那儿几乎成了宝贝，找个伴儿不成问题了。我同他说他现在打我电话是跨省长途。他说没事的，他有钱。我又说要解决他的后半辈子，得去个男校。随后他就把电话挂了。

还有一次是去年12月，他看到我写的东西，关于我们的朋友们。他说，他想起了很多，还有，什么时候写写他。我知道事情的重点一般都是“还有”，于是我说，我也想起了很多，然后下了线。

二

我说我想起了很多，但我仍旧没有和他好好聊聊。

当然不是害怕把所有准备用键盘敲打出来的话都说完了——我恰是这么准备的——只是害怕当我抱着所有的热情将话说出来的时候，突然发现对方也说了很多话。

一个人说，另一个人听，叫作聊天；两个人同时说，没人听，就只能叫作互相“倾诉”。

我不愿意这样，更不愿意发现我们彼此说出来的话都不是对方想要听到的——我们不得不承认，在交谈的过程中，我们多少抱着一些目的或期许。

所以我选择了联系。

不是聊天，也不是倾诉。没有需要满足的愿望，也没有可以倾吐的感情。

隔在我们之间的全部空气和无线电波都干干净净的，就像刚刚认识的时候，多好。

三

现在回想起刚认识灰鸟的时候，脑子里就会冒出来“干净”这个词。

这个词语听上去蛮舒服的，但放在那时候，就会变成一个彻底的贬义词。就好像你看着一个人的脸，搜刮尽了肚子里所有词却只能说对方是个“好人”一样，当你不得不用“干净”去形容一个人的时候，说明他就只剩两天洗一次头这么一个优点了。

这当然是个优点，就算不能说明一个人爱讲卫生，至少能证明这男孩子已经正式迈入青春期，开始注意别人对他的看法了。当然，你也可以连这一点都不承认，不过在那之前请找一个好一些的形容词挂在三年前的我身上，不然我会觉得很难堪。

说起干净这个词当然不是跑题了。我只是想告诉你，我见灰鸟的第一面，那家伙就灰头土脸的，一点儿也不干净。这对我来说当然不重要，但对讲台上的诸位来说，是有着非凡的意义的：当他们开始清算总账，准备找你麻烦的时候，就会冷不防地说上一句“我第一次看见你的时候就觉得你不老实”，这句话毫无逻辑可言，但又没办法辩驳——你要是说自己真是个老实的人，他就让你别装了；而你要是像灰鸟那样直接承认自己不老实，那他就一拍桌子，冲你吼一声“你何止是不老实，简直是道德败坏”，他们也知道这样说下去，连最老实的庄稼人也会被折腾成十恶不赦的罪犯，但这根本就没什么大不了的，因为没有哪个庄稼人能够穿得干净整洁，在他们面前留下什么好印象；更何况道德败坏的结果不就是开除学籍然后回去种庄稼嘛，到那时他们还可以补充说“你早听我劝就不会沦落到这一步了”或者“我早看出来你就是个种地的命”——前者是教育者，后者是预言家。总之是很体面的工作，而且是方便摆出那番姿态的。

说那么多不是为了证明灰鸟是个老实人（我坚信他7岁以后就没老实过了），只是为了说明他这显然没有庄稼汉老实的外形给即将影响他人生的诸位留下了多么差劲的印象。换句话说，我正在告诉你他日后不得不离开的原因——看起来不老实，并且不会装孙子。

这件事情困扰了我很长时间。诚然因为投胎没投好，他这个李家人装起孙子来没我这个姓孙的来得便利。但单从长相上来看，这个身体微胖，脑袋椭圆而且油光满面的家伙扮演起这个角色来应该是得心应手的。说难听些，他那面相，都不用多余装饰，只要往鼻子上一抹白，马上就是个丑角。事实上灰鸟也意识到了自己的先天优势，并且直到和讲台上的诸位吵翻的那一天都以为自己装成功了。但他一直都没意识到，装孙子最重要的就是要真正觉得自己是个孙子才行——就连方法派的演帝都难免要融入一些体验，他一只死胖鸟，藏不住心中的想法，又怎么能把这戏演下去呢？

四

灰鸟的第一次演出是在英语课上。

新来的半吊子英语老师要找一个领读，任务就是早读带着读一读单词。好表现的灰鸟“噌”地一下站了出来，表示自己可以胜任，然后在对其标准的美式口音进行一番展示之后震惊了全场。“标准的美式口音”这话是英语老师说出来的，有些不便理解，我的感受就更直观一些，只觉得他说得比我那教了几十年英语的老爹还要好听。

这对我是很大的冲击，因为开学之前父亲一再嘱咐我说这学校里卧虎藏龙的时候，我还偷偷骂了句街，想说再厉害又能怎么样——结果一下就给我这个半吊子英语课代表来了个下马威，不说颜面无存，自尊心也是受了很大打击的。

不过我在几分钟内就恢复过来了。一方面是因为我自我安慰能力比较强，此外就是英语老师很快就下了一个结论——“这孩子很有语言天赋”。虽然我们这位老师很喜欢夸人，连我也拿到了一个“想很多”这样不知道好不好的评价，但在我的印象里，她就只对灰鸟说过那样的话，而且几乎是刚认识没多久就做出了这样的判断——没办法不这么说，一个只需要听两遍磁带就能记住所有单词读音的家伙真的很少见，何况他的北京话比在北京生活了十多年的人还地道。

以上就是我半主动勾搭他，并且在发现气味相投之后很快交好的全部原因。

现在我相信，那时的我因为出乎意料的孤独和没有安全感，只要看见一根稻草就会死命抓住，用来缓解我的不安。但我仍旧坚持着一种略带宿命论的想法：如果班主任不执意让我这个教师子女当英语课代表，如果他那节课上没有举手，如果我后来没有和他喜欢上同一个女孩儿，那我们或许就不会像今天这样了——当然说不上是什么完美的结局，但总比成为陌生人好上不少。

然而这儿还有一个不那么巧合的故事。

他从 6 岁开始每天听 VOA，虽然一个单词都听不懂，但还是鹦鹉学舌一样跟着不停地读；他被父亲逼着学新闻联播里的普通话，然后跟着马三立念了很多年的北京卷舌；而我，所需要做的就是待在那里，看到他，然后像磁铁一样感受到彼此的吸引，靠过去……

这些都是事实，而不是可能。但事实往往没那么迷人，就像达尔文告诉我们，总有一天人会出现在这荒芜的世界上，而我们却每每想及自己在被创造的那一刻，只要有一点点偏差，就不再成为人的幸运。

五

“你终于跑得比我快了。”这是灰鸟对我说过的最动听的话。

我每一次上赛道的时候都会想起这句话。近半年没有比赛了。我最近一次想起这句话是期末考试之前，在看体质检测结果的时候：耐力测试是优，身高体重比例是——营养不良。这成绩不太好看，但我也没什么好挣扎的——我所能回忆起的最好的成绩是搬到这座城市的前一年，作为一个游客，在这儿的大街上，花了一块钱踩电子秤称的，那里面刺耳的女声说："偏瘦。"当时母亲在我旁边，让我多吃一些，注意身体，不要以后跑几步就垮了。

但事情往往不如人愿，我的身高体重比在接下来的几年内一路上扬，毫无回转的余地。我觉得辜负了母亲的期望，心里痛苦，突然想起母亲那句话还有后半句，就硬着头皮报了八百米——虽说只得了倒数第四，但因为没多少人参加，所以正数的名次也在两位数以内，回家给母亲说的时候好歹有点儿底气，说明自己不是"跑几步就垮了"。

与我相比，灰鸟就真的是长了翅膀一样凶猛了。从小开始就被教体育的父亲带着跑操场，六七岁就开始绑沙袋，更大一点儿就到市里的体育学校场地去训练，背上扛着一大根木头。自然，他一直都是学校里的长跑冠军，刚进校测试的时候也很强悍地超了我们半圈多。因为这方面过于突出的表现，他当时就被视为两个月之后运动会的长跑主力。而我脑子里还有些关于长跑不切实际的幻想，所以就让他每晚带我跑，说是要一起参加比赛。

紧跟着就是每天晚上的训练。那家伙很懒，但肯定是个好教练，他说了他可以记住的所有动作，一个一个地教我。虽然没什么耐心，但意外地清楚明白。我的成绩慢慢有了提升，和他的差距也在一点点减小。

到了一切都准备得差不多的时候，也就是比赛的前一天，灰鸟突然跑过来，拍着我的肩膀，说："一起出去吃顿饭嘛。"我没多想，立马就答应了，然后和他慢慢晃到了学校对面的窄街。

那天天气很热，吃饭的地方在地下半层，密不透风，只有几个发黑而且带着"凝脂"的电风扇在加快空气的流通速度——大概是无用功，因为我们两人都在不停冒汗，灰鸟多一些，透了汗衫，我少一些，只想着晚上必须洗个头了。然后他问我要吃什么，我指了指菜单，意思是老样子，一碗炒面就好。他似乎也心领神会，走到厨房门口，冲收银大妈说："壮阳牛鞭汤，再加一碗炒面。"我惊叹于他的勇气，终于点了他梦想的食物，他似乎也很高兴，一个劲地同我说话。

"之前的计划，你知道的吧？"

"嗯。我知道的。我一开始用短跑的速度跑，打乱他们的节奏，你稳住最后夺冠就行了。"

"你不会觉得不公平吗？"

"可能吧。不过，你知道吗，我自己也跑不了冠军的，只有你可以。"

"也是啊。哈哈哈。"他笑出声来，"可是我觉得计划要改一下了。"

"怎么改？"我有些疑惑。

"我们俩交换一下角色吧。"他好像脑子里过了一道闪光一样冲我一笑。

"为什么？"我心里突然有些兴奋，有了些幻想。

"我脚扭了，跑不了了。"他继续笑着，可是有些僵硬，"你知道这也是正常的情况……"

他不再说话，我也不知道怎么回答。我们两人时而看看桌子，时而看看对方，空气被电风扇吹得凝固起来。

"谁的壮阳牛鞭汤？"收银的大妈忽然叫了一声，我们一起笑出声来。他低着头走过去，左手捂脸，右手吃力地把汤端了回来，一饮而尽。那东西有没有功效我不知道，但我记得临走的时候，他用袖子擦了擦嘴，拍拍我的肩膀，神情恍惚地说："没事嘛，又不是什么大事是吧？哈哈。"

我记得他装作无所谓的样子。

他真的不是一个好演员——除了在第二天的比赛里。

他穿着长裤，跑到赛道上，扭了扭腿，慢慢脱下裤子——全场尖叫——他里面穿了一条专业的比赛用裤子，很短，看起来就像没穿一样。对方首先就被这个没穿裤子的家伙吓到了，然后在开场看到他以两百米冲刺的速度跑出去以后迅速跟了上去，用光了体力……

那是我见过的最佳助攻，毫无疑问，也是只有一次的最佳剧作。

他走了以后的很长日子里，我一个人在跑道上跑着，每次看到前面出现了短发圆脑袋的家伙，就加速冲过去，从他身边超过，等着他跟上来，跟上来……

“你终于跑得比我快了……”

我还想起他说：

“我和你比赛，相当于多背了二十斤肉，肯定会输嘛。”

六

前年的圣诞节前夕，我们跑到了灰鸟的家里。

堵车了，我们晚到很久。灰鸟穿着绿灰色的羽绒服，站在车站旁边，玩儿着iPad。我们打了个招呼，想要拥抱，但好像没什么必要，我们慢慢朝他家走去。路上他对我说：“哎，你好像变样了。”我就嘲笑他还是一头短得没必要的头发，太阳一照过来就好像在发光。他最早把头发剪这么短的时候我们就说他是劳改犯，电灯泡脑袋。

我们坐在一起看老照片——其实也没多老，就是一年多以前，灰鸟最后一次表演的。他那时候还没现在这么胖，穿着一身灰衣，戴着个书生帽子，装作读书人的样子——如果没记错的话，他是负责串接台词的家伙。他在台上笑得很开心，我们每个人都很开心。虽然那次表演并不那么成功，甚至被评为年度最差节目，可我们都笑着，似乎早知道这是最后一次这般放肆的机会了……

然而电灯泡终于成了主角，没人去打扰他了。伍哥扔白菜去喂他家狗的时候，他说他准备考回我们学校高中部去，站到那更年期老太太的面前去，让她知道他不是好惹的。我心里有些梗，大概是猜到这事情不那么容易，就问他为什么这么久不回去看看我们。他说他也想过，只是公交车太难挤，再加上卖切糕的也不在了，回去也不知道做什么，就只好放弃了。我问他是不是爱上那些卖切糕的了，他笑说大概是的，表情和一年之前比赛的时候很相像。

那次相见更像是一次告别，我们在阳台上摆出各种姿势，给提前离开的他和伍哥录下了好多视频，准备回学校以后再放给他们看。

他们唱了歌，记不得歌词了，但我们都录了下来，连带着那些笑声。

他笑着，笑着，骂了一遍害他不得不飞走的人们，越骂越开心。

我突然想起来，那个说他有天赋的英语老师说的话："这个年纪的孩子，有谁是真的坏人？"

对啊，就算被别人骂作道德败坏，他还是在视频的最后说了一句谢谢。

七

直到现在，这封长信马上要收尾的时候，我仍旧无法想象你看到它的表情。

我知道你和我一样，正怀念着这一切。因为你直到现在也还是个大孩子。

我只是不知道，你会像我这样，抹着没人知道的眼泪，还是像你一直以来的那样，装出毫不在意的笑容。

在我的印象里，你从来都不是一个好主演，却是最好的配角。

你一开始想要学父亲和周围的大人那样，变得圆滑，精于世故。可是你忘了，你对自己的心是那么诚实，一点儿谎言都没有，于是就成了那个最拙劣的骗子。

后来，当你决定不再伪装，做自己想做的一切时，却听到冠冕堂皇的人们说你不老实，是个道德败坏的家伙。于是你坚持了你的正确，他们也坚持了他们的道德——我只好看着你飞到另一个地方，不停抱怨自己的无能与懦弱。

我们都勉强地笑着，然后你告诉我你会回来的，我告诉你我可能要走了。

然后一语成谶——只有一语——我走了，你却没回来。

你就像那个最好的配角，一下子出现在我的生活里，然后轻轻刻了一下。

可我知道我们会再相见的。

因为我记得你的咒骂，关于你认为错误的一切——还有最后的那声谢谢。

你叫自己大鸟，我叫你小灰。

等到我听到那一声谢谢，我就决定叫你灰鸟。

灰鸟啊灰鸟。

你什么时候才能飞起来呢？

飞出所有人曾给你说的那些“如果”和“可能”。

文/马晓薇

爱回不去

马晓薇，女。爱笑，爱幻象。第十八届全国新概念作文大赛二等奖获得者。

路灯和车灯前可以看见连绵的雨丝飞舞在空中，像银针被天空随意撒向地面。天空不在乎大地会不会疼。

“怎么不吃？”大熊问我，“再不吃锅里的年糕可要煮化了。”

“你瘦了，瘦了不少。”见我不语，大熊继续说。

大熊坐在我对面抱着自助火锅大吃特吃，我却吃不下去。

太多的回忆堵在心口，最后化成一汪眼泪滑落。

1

如果不是我能吃会吃敢吃爱吃，我就不会大老远跑到这家拌饭屋吃拌饭和煎豆腐，更不会遇见和认出坐在前桌吃乌冬面的特特。

特特也看到了我，像碰碰车一样，特特的目光撞上我的目光，然后仓皇躲开。

我不明白，特特究竟在躲闪什么。

面前的特特与5年前相比没什么大的变化，还是齐刘海娃娃头，还是那样白皙得可以看清毛细血管的脸，只是眼神里充入了太多的忧伤和迷惘，只是脸庞变得瘦削与尖细。

我怎能说认不出她，怎能认不出这个曾和我一起打了7年电脑游戏的特特？大家都开始刷微博、聊微信、玩大战僵尸、打LOL了，我开始习惯一个人盯着电脑屏幕发呆。特特不在，玩什么又有什么意义？

2

2010年的夏末，我从特特的奶奶家楼下搬走，去了另一个小区。那时上小学的我们还在一个班，放学时仍会腻在一起的我们，在操场不显眼的角落里玩跳方格的游戏，有时则面对面坐下，伸出手指玩数字游戏。特特的手很小，很瘦，很白，像树上的玉兰花瓣；她的手指修长笔直，指甲盖下的粉红总会使我想起“水晶之恋”果冻，给人晶莹明亮的美感。

当时太喜欢看特特的手，不由得走了神，游戏输家总是我，于是又要请客吃校门口的小吃。我怀疑自己就是那时开始发胖的。

校门口的小吃摊很多，安全教育课上也听老师说那食物不大干净，但偶尔吃一两回倒也无大碍。母亲怕我养成败家的不良习惯，极少给我零花钱，口袋里偶尔揣有一两块钱已足以让我欣喜一阵。那个年代一两块钱的分量也一点儿不轻的——一块钱可以买两串炸鱼丸，还可以买十个泡泡糖，两块钱就更不用说了，足以买一大杯热气腾腾浇着热汤的牛筋面。勤俭持家的我通常会攒四五块钱，买两杯牛筋面，一杯给自己，一杯给特特，然后再买两串炸鱼丸，还是我和特特一人一串。我们的晚饭通常是这么解决的。

牛筋面和鱼丸，特特的总会被我加些辣椒，她喜欢吃辣。热气的缭绕中看见特特因辣而更加鲜红的嘴唇，感觉岁月被我们经营得有滋有味，满满的成就感。

3

后来，特特的父母离婚了。

那个下午我拉住了匆匆走出校门的特特，我问她为什么走那么急，她垂着脑袋：“去阿姨家，要坐车去的。”

看来特特是跟了爸爸。

“妈妈说爸爸比她更有钱，以后更能养得起我，还说阿姨长得比她好看，我一定会更喜欢阿姨。”特特浓密的睫毛被什么打湿了。我想她是哭了，可就在这时下雨了，所以我也搞不清楚那是雨水还是特特的泪水。

“别难过，有我呢。”我把自己的蓝色雨衣披在她身上，才发觉她是那样瘦小，抑或是我太强壮。

“嗯。”特特抹抹脸抬起头，“我不回奶奶家了，所以放学时也不能陪你玩了。”

我很难过。

特特走了，我一个人站在人渐稀疏的校门口。

我不知道自己究竟在那里站了多久，更不知道自己为什么要站在那里那么久。也许，只是单纯地等待雨停吧。

天色渐渐暗下来，那些小吃摊已走了大半。深秋的雨有些太过漫长。路灯相继亮了，透过支离破碎的灯罩向路面洒些无力的光。路灯和车灯前可以看见连绵的雨丝飞舞在空中，像银针被天空随意撒向地面。天空不在乎大地会不会疼。

听见身后有人走近，回头看见是同桌大熊。

他当然不叫大熊，只是我看见他每天都快乐得像一只熊，就给他起了这样的绰号，没想到他会欣然接受。

大熊被我的突然回头吓了一跳，惊异于我如此灵敏的听力。

“夏维，你在等人吗？”大熊问我。

“不是。”

“那你一个人在这里做什么？怎么不回家？”

我没有回答他。平日里就不太喜欢和男生说话，更何况我也不知道我站在这里做什么，为什么不回家。

大熊不再问我，撑开他的浅蓝色雨伞。我斜眼看着他的伞，浅蓝色，我喜欢的颜色。

“一起走吧，不早了。”大熊走到我的右边站住。

我想了想，说：“哦，谢谢。”然后绕到他的右边。

慢慢走着，我们都没有说话，仿佛这安静是花高价买来的琉璃瓶，谁也不忍心打破。直至我踩到一堆落叶。

“绕开走吧，别踩上去。”大熊轻轻拽了一下我的衣袖。

“哦。”之后又是一阵沉默。

雨还没有停，一直没有停。

“我快到家了，你呢？”我终于主动开口。

“还有一段路呢。”大熊愉快的样子，让我想起了玩具店橱窗里的轻松熊。

“你学过跳舞吗？”大熊突然问我。

“没有。”

“真没学过？”大熊不信。

“真的呀。”

我不喜欢舞蹈。

“哦，我还以为你学过跳舞，在我的印象里只有学舞蹈的女生才会仰着下巴走路。”大熊若有所思。

我简单地“哦”了一声。

“我到家了，谢谢你。”我径直走进楼道。

大熊愣了愣：“哦，明天见。”然后转身往回跑。

谁说我仰着下巴走路了？我是太胖了，不仰起头来，谁知道我是个有下巴的人？

4

后来大熊对我说：“其实你一点儿也不胖，只是你总说自己胖，大家也就都觉得你胖了。”

后来我也知道，大熊那天早该到家的，为了送我他又多走了一程。

5

上了初中之后大熊还和我同桌，我们没能和特特分到一个班，很少见面，听说她变化很大。

听说她烫了卷发，涂了指甲油，被德育主任叫去训了一通；听说她去网吧包夜，和班上几个“要好的”男生；听说她喝酒，有几次满身酒气地来上学；还听说她找了男朋友，谈起了那个年龄称不上是恋爱的恋爱。

太多的听说。

终于有一天我急了，说：“你们瞎说什么，特特不是那种人。”

“不信你去看看嘛。”几个八卦的女生不理会我，继续叽喳。

我跑到特特所在的班，却被告知特特被开除，转学去了一所私立寄宿制学校。

6

之后的5年里彼此之间像是筑起了无形的高墙，我们没再见过。直到今天。

“特特！”

确定以及肯定那个女孩儿就是特特，我终于喊了出来。特特僵硬地抬起头，泪汪汪的眼睛里充盈着比泪水更复杂更难懂的东西。快要承载不住浑浊的泪水，特特迅速低下头，泪珠顺势滴进面汤中。

那个背对着我、坐在特特对面的女子回过头，又转回去看向特特。

“特特，谁在叫你呀？”女人回过头看着我——我认出是她的继母。

“阿姨好，我是特特的……”我忽然说不下去了，特特低着头，迅速抹去滑过脸颊的泪水。

世界顿时安静了下来，安静里又夹杂着莫可名状的喧嚣充斥在耳边。

5年了。

5年之后，我们之间有比一座城还遥远的距离。我本想说我是特特的朋友，可是感觉这么说有点儿亲密得过了头，想改口说是同学，又觉得那样有些生疏得过分。

所以我沉默了，等待特特把我的话接下去。特特的继母打量着我。

想起第一次见到特特的继母是在小学时。

上美术课时，大熊因为什么和特特吵了起来，一不小心，扬起的水彩笔划到了特特脸上。也不知道笔头是什么材质，特特的脸被划烂了。继母问特特到底是怎么回事，不想因为一件小事连累到自己的同桌，于是特特撒谎说是自己弯腰拾笔时木制的桌角划烂的，只字未提大熊。特特的继母来到学校索要赔偿，班主任自然是不同意，两个女人在教学楼的楼道里争执了很久。

那时我才见到特特的继母：烫染的不伦不类的棕红色头发，瓜子脸，高挺得有些不自然的鼻梁，深紫色的美瞳，往下看是闪电般的身材。

忘了说，特特的爸爸是出了名的高富帅。

只是过去五年而已，她却变得像我家楼下棋牌室里搓麻将的大妈。我看到皱纹满布在她的额上和眼角；风衣勉强裹住了身子，涤纶的布料已有些起球。

记得不久前在市中心的街口看见开豪车的特特的父亲——他看上去还是那么年轻，帅气也未曾减过。

“女人无论什么时候都别想着男人可以养她一辈子。”脑袋里蹦出在哪儿见过的这样一句话，觉得有些可笑，但貌似也很真理。

特特喝了口汤，抬起头时是满脸的笑容:“这是夏维，我们……从小一起长大的。”

“啊，你好。”女人笑着。

“能在这里遇到你，好巧啊。”特特淡淡地笑着。

“嗯，真巧。”我笑笑。

“我替你付钱吧，特特几年没见你……”特特听到继母这番话眉头一皱，低头吃面。

“不用了，不用了，谢谢阿姨。”

我跑到楼下的收银台。

“老板，我的饭打包带走吧。”

拎着饭盒走出拌饭屋，抬起头看见特特坐在二楼靠窗的位置，把头深深埋进碗里。

我慢慢往回走，不知道自己知不知道特特为什么流泪。我好像知道，却又说不出所以然。

7

到家时拌饭已有些凉了，我掏出手机，给大熊发了条消息：“遇到特特了。”

“哦，她还好吗？”大熊回复。

“Not too bad.”我只能这样回答。

QQ空间里，看见朗发的图片，巨大的圣诞树下，他搂着正开心笑着的女友。

我夹起一块煎豆腐放入口中。

初三那年，我喜欢上朗，快中考时我还在张罗着给他买生日礼物。

大熊沉着脸出现在礼品店的货架前：“夏维，别再这么用心了，他不喜欢你，你的好他是看不到的。”

“和你有关系吗，你懂什么？”我不屑，曾经专属于我的年级第一宝座如今被大熊坐得很稳当，我早已被所谓爱情的潮水冲刷到了二十名开外。

“再这样下去你会受伤的。”大熊见我仍不理会，一个人忧伤地走出小店。

事实证明我的确受了伤。看看，夏维这样的都喜欢我！朗倍儿有面子地将我送的礼物扔进垃圾桶。

还好没人看到，除了大熊。

那天大熊在我的书里夹了张纸条。

“放寒假后一起去吃火锅吧？”大熊发来消息。

“好啊，我喜欢吃火锅。”我回道。

忽然记起谁对我说过大熊默默地喜欢过一个爱吃火锅的女孩儿。

我好像明白了什么，想起曾经的种种。

又想起特特。

8

原来我是特特岁月的伤疤，那些真正美好的往事，被贴上“与我相关”的标签，每每想起，回忆总会自动@我，像是揭起曾经的伤疤，会让特特生出难言的疼痛。她想要逃避那段近乎完美的回忆，去适应眼前的灰白生活，让那些美好沉淀，让伤痛渐渐成为麻木。

我不该出现，关于我的回忆不该重来，一切都只会带给她甜美而钻心的痛。

9

在路口等了半天才拦到出租车。我坐副驾驶，大熊坐在后面。

“去巴奴火锅城。”大熊对司机师傅说，我从车后视镜中看见他开始看手机。

我想问大熊他喜欢的人是不是我，可我开不了口。

只好掏出手机：“大熊，在吗？”

“废话。”大熊秒回。

“你有喜欢的人吗？”

许久他回复道：“有，不过现在我们做了朋友。”

“哦。”

再过两个街口就要下车了。我进入了大熊的 QQ 空间。

他的空间相册有限制问题：4 月几日？

不明白是什么意思，我的生日在 4 月，就索性自恋地输入了自己的生日：27。我打开了相册。

照片不是很多，可每一张都有我的身影，每一张的下方都被大熊附了几句话。有一张是我站在操场边大口喘气的样子，大熊附：夏维的哮喘犯了，可我忘了带热水。另一张是我坐在窗户边发呆，大熊附：给夏维带了感冒药。

在这之前，我从未注意过大熊的空间里，有这样一个相册，从未注意过。

原来大熊的好，我也未曾注意过。

回想起一次大熊抄我的读书摘录，还说这句话特别适合他：

答应我，要幸福，无论海角，还是天涯。也许只有这样，我才能够安心，然后微笑着心满意足。

做朋友没什么不好，这样便可以一直保持不远不近的距离，不靠近也不后退，不拥有也不失去。

我想那会是美好的结局。

“到了。”司机拉了手刹，接过大熊递来的车钱。

我亏欠了大熊太多，而如今朋友二字，又看似理由很正当地谢绝了我对他的补偿——对，我们是朋友，朋友之间是谈不上补偿的，所以我可以连一句道歉、一句谢谢都不用说，然后理所应当地接受一切他认为我理应接受的他的好。

我开始后悔问大熊关于他喜欢的人。大熊的回答注定了我们要做一辈子的朋友，再没有任何拥抱的理由，哪怕再喜欢，哪怕现在知道了一切，我开始学会认真接受大熊对我的好。

可是已经太晚了，朋友，竟然搪塞了一切的挽回。

如今发现，成为朋友也未必可以多做些什么，能让我好好弥补那些被时光遗漏的滴点。一切都变得无力苍白又可笑，像一张未写过、画过的稿纸，被毫不犹豫地搓成了废纸的样子，扔进垃圾桶，皱巴着叹息，也无济于事；后悔得大哭，也无济于事。

我还是难过又痛快地哭起来。

大熊以为，我是因为想起朗才哭的，于是嘟哝了一句傻瓜。

10

想起那年大熊给我的纸条：

别再想这些了，你的难过使我难过。

忘了这些吧，晚上早点儿睡觉。

睡一觉就好了。

大熊。

傻熊，想装文艺，结果话不成段。

我擦干眼泪抬起头，冲大熊笑笑。

“吃饭吧，没事了。”我拿起筷子。

“真没事啦？”大熊认真地看着我，“不是我把你惹哭的啊。”

“本来也不是啊。”我笑着，从锅里夹起一块鸭血放进他碗里，“快吃吧。”

走出火锅店时我问大熊：“记得小学时你用笔划伤特特的事吗，当时你们为什么吵架啊？”

“那个啊，”大熊挠挠头，“当时特特说你变胖了，变丑了，我就生气了，后来才知道她在开玩笑。”大熊笑着说。

我慢慢走着，别过脸不去看他。

张爱玲在《半生缘》里说：世均，我们回不去了。

特特，我们回不去了。

大熊，我们回不去了。

文/许 航

似曾

许航，笔名："Pinkman"，内心总在狂笑的冷场王，容易感动，爱讲故事。第十八届全国新概念作文大赛一等奖获得者。

你从未远离过我的身边。

过年期间的一天，我和几个朋友玩到了深夜，喝了好多酒，然后回家。

大家都睡了，只有表哥还在看电视，里面播着周星驰的电影。

“怎么玩到这么晚？”他听到了我小心翼翼的开门声。

“这几个朋友关系挺好的，不让我走。”我随便回答。

“有多好？”表哥的声音里透着一种别样的认真。我看向他，他正冷静地看着我。

“就是特别投缘啦。”我被盯得有点儿不好意思，被比自己大一轮的表哥问到好朋友的问题，就好像很小的时候和父母很认真地解释自己对一个小女生的爱情一样，觉得总是他们不懂我，但或许其实是我太幼稚。

我坐到表哥对面，靠在沙发扶手上，这让我感觉坐得稳一些，还可以避免一些谈话时的尴尬。

“你们什么时候认识的？都很了解？”表哥的目光总算离开了我，转向了窗外。

“……这个学期开始吧大概。”我也有点儿记不清楚了。毕竟只是天天在一起玩，但是互相深入的了解确实没有过。

“好兄弟吗？”

“嗯。”

“我给你讲讲我的朋友吧。”表哥笑了。

于是他对我讲了他的故事，他和他的朋友们。

表哥从小就是一个特别闹腾的小孩儿，成天在外面野得蓬头垢面，还在上小学就学会了抽烟，偷偷跑去网吧上网，身高不够就跪在椅子上打当时风靡的《传奇》或者《魔兽世界》，后来自己家里买了电脑就更一发不可收拾，不到六年级就浏览遍了大大小小各种黄色网站，对各种暴力电影阅片无数，加之表哥发育得早，从小就长得人高马大，更是理所应当地成了整个大院里的孩子王，成天有一群小孩子围着他转，各种好吃的也是伸手便来。但是渐渐地，表哥发现了一个问题。

他发现小朋友们开始背着他组织一些活动。

有时候整个大院的孩子都会突然不见，等他们回来的时候他才打听到小朋友们一起去看电影了或者一起去爬山了。于是表哥就很愤怒，他怒气冲冲地威胁了所有的小朋友，告诉他们有什么活动都要带着他。出于他的威胁，最初的一些日子里小朋友们都很乖，没有任何活动，可是日子一久，大家就又慢慢地背着他活动开了。

这次表哥真的生气了，他找到了最近野游的策划者，把他狠狠地打了一顿，畅快地发泄了心中的怒火。

“知道错了吗？”他对那个孩子怒吼。

“我没错！以后不管是不是我，谁都不会愿意带你玩的！！我们凭什么带你！！！”那个孩子带着哭腔说。

然后表哥说他愣住了，没有再打那个孩子，而是让他回家了，然后自己也回了家，一个下午都没有出去玩。他说他在家的那个下午，听到窗外的欢笑声特别畅快。他同样也是一个孩子，这件事就这样莫名地触动了一个小霸王的心。

凭什么？他真的从来没有想过这个问题。大家凭什么要听他的？大家凭什么要和他玩？大家凭什么要对他好？

他想了好久好久，久到他都听到了附近高中的放学铃声，这是只有每天的梦里才会发生的事情。

于是小霸王也决心开始改变。他不想做这个他自己觉得很了不起的“领袖”了。他主动加入了一次没有邀请他的滑冰行动，他给每个小朋友都买了一瓶大连汽水，对当时的孩子来讲，一瓶大连汽水完全算得上是天价的享受。之后，表哥又主动邀请了很多小朋友去家里玩，他送了很多自己最喜欢看的漫画书给小朋友们，他开始不再对小朋友们呼来喝去，他开始在组织游戏的时候询问其他小朋友的意见，他开始慢慢地成为一个“孩子帮”里的普通人。然后他发现，原来不做头目，可以这样轻松。他不用考虑明天带领大家玩什么，他不必安排每个人在一场枪战里负责什么角色，他不用给每个偷偷去网吧玩游戏的孩子排班，也不必什么事情都出头。其实最重要的，他说他不再有一种费力不讨好的感觉。

于是不久之后，表哥就认识了人生中第一个好哥们儿。我们暂且叫他 F。

他们是在弹玻璃球的时候认识的。那天表哥逃课去网吧被姨妈抓到，被狠狠教训了一顿，所以心情很不好。然后又正赶上弹玻璃球连连失败，就开始耍起了横。他把嘴里叼着的半袋牛奶狠狠地摔在了对面的小朋友身上，牛奶湿淋淋地洒了那个小朋友一裤子，然后表哥又一把抓起了沙坑里所有的玻璃球，然后拼尽全身力气砸向了墙，周围的小朋友瞬间都被吓得傻掉了，没有一个人敢动弹一下。就连那个被泼了牛奶的小朋友也反应了一阵子才开始号啕大哭。

看见那个小朋友哭，表哥就像以前一样，本能地举起了拳头。

“凭什么欺负我们，我们好欺负吗？”就是这个时候，F 的声音响了起来。直接戳中了表哥幼小的心里最不愿意思考的部分——凭什么。

表哥说当时他什么都没有说，只是失魂落魄地站了起来，然后对那个被洒了牛奶的小朋友道了歉。他太害怕被孤立了。

之后自然而然地，或者说带着一种好奇地，表哥开始主动和 F 交流。小孩子之间的友谊简直单纯到可怕，无论任何事情仿佛都可以让两颗幼小的心灵瞬间连接在一起。小孩子喜欢的东西也无非就是那么几样，短短几天，他就和 F 成了形影不离的好朋友。其实 F 并不是一个多么勇敢的孩子，他只是在那天实在忍不住了，才那样对表哥喊，其实在喊过之后他自己也非常害怕。在交了 F 这个朋友之后，表哥也彻底告别了“孩子王”这个称号。虽然有他在没有别的小孩儿敢主动领导大家，但是表哥已经再也不会支配任何一个小朋友了。

他和 F 的性格也非常合得来，又整天黏在一起，日子久了，大院里不认识他们俩的大人还以为他们是小哥俩。

F 比表哥小一个年级，放学的时间比表哥早大概二十分钟。于是每天放学后在表哥的小学也是我曾经的小学门口，都会看到 F 等表哥一起回家的身影。每天早上，表哥也会准时出现在 F 家门口，等他一起上学。虽然他们是最好的朋友，但他们交集的时间，却仅限于上下学的这段路，或是放学后在院子里的游戏。随着孩子们的渐渐成长，他们各自也在自己的班级交到了很多朋友，基本上在学校里形影不离，亲密程度甚至超过了表哥和F。但即使这样，每天放学时的身影还是一如既往地出现，我的表哥也从来没有和其他的小朋友一起回家过。在放假的时候，表哥第一个想要找出去玩的，也总是F，他们甚至会在放假回家的那个中午互相打电话正好撞线，然后就坚持互相拨了半小时电话。他们之间的感情，从来没有随着相处的时间而增减过。

白驹过隙，很快表哥就上了初中，成了一名初中生。在我们这里的小孩子眼里，初中生就是大人了，就不会再和小学生在一起玩。所以从此我表哥的身影就没有在院子里出现过。可是F小表哥一届，也就是说这个时候他还在念六年级。

但是，每天我表哥放学后，中学的门口，还是会有那个熟悉的身影出现。

那个大家自觉产生的年龄界限在他们的身上全然看不出痕迹。

直到F升入初中，直到我表哥进入高中，他们两个共享的这段路途和课余的日子，一直走了整整3年。我的表哥和我说了一个奇怪的现象，在他升入初中后，小学班级里那些亲密无间的朋友，再也没有在一起玩过，再也不会形影不离地出现在校园的每一个角落里。他们在校园里见面的时候，每个人身边都会站着一个或者很多个对方不认识的人，那是他们的新朋友。虽然见面后仍旧很亲密，但是最后，每个人都是选择和新朋友一起回到班级。

只有那段上下学的时光，那段放学后的时光，那段假期里的时光，和时光里的人没有变。

升上高中后，表哥就要正式和F分别了。因为高中建在郊区，表哥家为此也在郊区买了新房子。因为课业紧张，两个人见面的时间也变得少之又少。

F在初三的日子里交了女朋友，和好哥们儿一起赴汤蹈火进过警察局，在哥们儿的生日聚会上喝酒喝到不省人事。

表哥在高中学习很努力，成绩也很好，但是他却不喜欢交学习好的朋友，他加入了校园乐队，认识了一大堆特长生，他整天逃课去和好哥们儿、好朋友们出去聚会，有空的时候一起旅行，一起喝野酒，一起预谋着追求喜欢的女孩子。

然后到了F中考的日子，不出所料，他的成绩连特长生都没有赶上，他去了市里最差的中学。他给我表哥发了短信告诉他这个消息，表哥的回复很简短：

“以后好好努力啊，一起加油。”

这是一种很正式、很“不熟”的语气。

“那你有这段友谊结束的感觉吗？”我突然打断了表哥。

“只在那时候有过一次。”

“那以后呢？这么长时间。”

他很坚决地摇了摇头。

因为彼此都太忙，而且各自忙的事情也基本再无重合，所以表哥和F在整个高中只见过一次面。

就是这个表哥本以为会很尴尬的见面，从此彻底打消了表哥对这段友情的怀疑。

表哥刚进店门，就看到了F，F的模样虽然变了很多，却透着说不出的熟悉。他很自然地招呼表哥坐下，桌上早就点好了很多菜。表哥说当时的感觉是奇妙的，他的所有尴尬感就在见到F的那一瞬间烟消云散，他只想把最近的经历全都说给F听，他知道的和他不知道的，F也滔滔不绝，中间两个人还互骂了一阵子，聊的过程中两个人都很自然地提到了“我朋友”“我哥们儿”这样的字眼，但语气却是仿佛在谈论一个与自己毫不相干的人。他们整整聊了五个小时，那种感觉，和表哥小时候和出去旅游了一个星期的F，在F回来那天晚上的聊天完全相同，只不过这次他们旅行中的经历或许更多。

之后就到了表哥高考的日子。高考前一天的晚上，表哥收到无数的祝福短信，但他却只用最简单的语言回复了最简短的一条。

F：“好好考。”

表哥："嗯。"

之后表哥就开始了大学的生活，一年之后，F也是，他考上了警校，以后应该可以做一名警察，这也算是他从小的梦想之一。其实这也是表哥曾经的梦想，只不过在成长的过程中表哥放弃了这个梦想。

每个假期表哥回家，他初中和高中的兄弟都会找到他，大家痛快地玩个通宵，侃侃大山，唠唠谁过得更好。

同样每个假期，F也会和表哥相聚一次。两个人仍旧像多年前一样，相对而坐，聊聊这一年的经历，谈谈身边的人，说说未来，想想过去。或者聊得累了，两个人就干脆选择沉默。他们这样平淡的友情一直持续到表哥走上工作岗位。

虽然和老同学们仍然有很多联系，但随着时间的流逝，这种联系已经渐渐变成了毫无情感的寒暄或者请你帮忙的客套。表哥告诉我，无论何时，他只有和F在一起时感受到的不是浮躁的兴奋，或是利益的牵扯，而是平静的安稳。没有新朋友激情昂扬的形影不离，也没有曾经铁哥们儿那种仗义天下。但是表哥可以很放心地对F表现出自己最脆弱的一面，自己受的委屈，自己承受不住的压力……只有在F面前，他不必遮掩，他不必告诉F，我过得有多好。

前些日子，表哥发了一条在公司过生日的微博。我点进去，看到无数枯燥的"生日快乐"中，F的名字带着一大段话出现，他的头像是穿着警服的照片，身边还有几个同为警察的年轻人，他们笑得都很开心。

他写："时间太他妈快了，咱俩都23了，看到你过得好，我真是特别高兴，你的每个重大决定我都见证过，我的每一段坎坷你也都了解。我跟你说前边的路无论有多远，无论多难走，咱哥俩肯定是要永远一起走的，帮帮扶扶，坎坎坷坷，咱哥俩没什么怕的！只管往前走吧！过年见。"

这些话曾经我觉得特别假，特别敷衍，但是今天看来，却似有千斤重。

表哥和我一口气讲了很多，等他停下来，电影已经响起了片尾曲。这个已经30岁的男人应该太久没有说过这么矫情的话了。

“至少我的身边，这么久了，留下的只有他一个。”

君子之交，不需要过分亲密，却无法分开。每个人的生命里都出现过太多朋友，你们可能谈得来，你们可能玩得开，但是通过这些，他们是没办法住进你生命中的。能陪你到最后的朋友，恰恰就是那些长久以来似曾远离的人。

我好像醉了，又好像没醉。

你想起了谁吗？或许我们的生命中都有那样一个“你”的存在。

也许我最困难的时候，我分手的时候，我和家里闹矛盾的时候，我辗转反侧的时候，我犹豫不决的时候，我面对一切的时候，我做出决定的时候，你都不在我身边。可是我却永远都知道，你从未远离过我的身边。

3
如今

如果你认识从前的我，

那么你就会原谅现在的我。

——张爱玲

文 / 郭鸿宇

歌声在窗外

郭鸿宇，笔名：零环，〇〇年天蝎。现就读于随州二中，高二文科女。热爱海子，余华，王小波，东野圭吾。为成为上戏一分子而努力奋斗中。第十八届全国新概念作文大赛二等奖获得者。

不管是无心，或是有心，痕迹却会留下很久，久到也许需要耗费掉一生的时间，也不能修复。

你若是听广播，一定不难发现，电台里总会播放一些煽情的有奖互动节目。有时候主题是“你听过最让你感动的话”，有时候是“与你男（女）朋友在一起时你最感动的一件事”，还有一次的主题是“一个你最忘不了的人（或事）”。

一些人，一些事，这么久的时间过去了还是忘不掉。他们就像是嵌在木头里的石子一般，离开了还是会有痕迹。不管是无心，或是有心，痕迹却会留下很久，久到也许需要耗费掉一生的时间，也不能修复。

一块嵌进心里的石头。

萧潇就是一块嵌到了徐柚心里的石头。

徐柚第一次见到萧潇的那天天很冷，似乎所有的寒冷都聚集在了那天的夜晚。徐柚只顾着低头哈着冻得冰冷的手往前走，边走边暗暗祈祷，希望学校食堂这个点还开着门。不然饿一晚上可就有他受的了。

果然，看着紧闭的大门，徐柚的脸色有点儿发黑。现在不仅手冷，心也一下子凉了。

当徐柚不死心地扒着窗户向里张望时，冷不丁一个巴掌拍在了他的肩膀上，吓得他腿一软差点儿摔倒。徐柚回过头，一个短发女生正无所畏惧、大大方方地看着他。

“嗯，你是……”女生毫不留情地打断了他的问话：“别问了，还没吃晚饭的话跟我来，我有办法晚上不饿肚子。”女生转过身，又认真地补了句，“不信拉倒。”

徐柚终于还是随着女生，穿过了长长的走廊，然后又穿过了空无一人的寒冷操场，最后在操场的一个角落里停了下来。

确切地说，是在一段围墙前面停了下来。

“操场里有晚饭吗？”

“笨，操场里当然没有，围墙外面就有啊。”

“你要翻墙？”

“对。”

“你真的打算翻墙？！”

“对。”

“你真的……”

“对对对，就是这样。”女生不耐烦地打断了徐柚。然后又不知想到了些什么，看了徐柚一眼，笑嘻嘻地说道，“你不会是不敢吧？”

徐柚无奈地看了她一眼，说：“敢倒是敢，不过……有监控。”

“放心好了，我观察过了，这儿刚好是监控的死角。”女生说完，用力抓住顺着围墙生长的一棵矮歪脖子树的枝干，攀上树，然后敏捷地一跃到了围墙上，最后轻盈一跃，消失在了大约两米高的围墙头。

整个过程不足一分钟，徐柚目瞪口呆地看着她消失的墙头。少顷，女生的声音从墙外传来，略带些沉闷。

“快点儿，你再不来我一个人走啦。”

七拐八拐地跟着自称叫萧潇的女生到了一家露天大排档坐下后，徐柚一直心不在焉地摸着爬树干时不小心蹭得生疼的手臂，总觉得有点儿怪怪的，连叫了些什么菜都没在意。

“哎，不打算自我介绍下吗？”坐在对面女生的声音带着一种活泼的魔力，徐柚不禁有点儿局促。

“呃，我是高三3班的徐柚。”

“15班，萧潇。”

萧潇笑嘻嘻地探过脑袋，说：“看你的样子就知道是学霸。”

“开玩笑。”徐柚边喝了口水边说。

“得了吧，看你翻墙的样子就知道你是第一次。”

“说不定我只是比较笨而已。”徐柚一本正经地说道。

萧潇转过头安心地看着不远处锅内上下翻飞的夜宵不再说话。徐柚也安心地越过萧潇的侧脸一块看师傅卖力地炒一盘年糕。

菜很快就上齐了。徐柚刚拿起一双筷子打算吃，萧潇再一次神神秘秘地探过头来，笑嘻嘻地说：“要不要来点儿啤酒？”然后又打量了他一眼说，“算了吧，看你也不会。”

徐柚脸一黑，在女生的目光下不禁一股豪爽之气涌上胸口，硬着头皮道：“谁说不会，我只是怕你介意而已，我喝酒可从来没有醉过。”这句倒是实话，因为徐柚根本就不曾碰过任何酒，又怎么会醉？

萧潇笑嘻嘻地拍了拍手，没等徐柚开口，扭头招呼道：“老板，给他来五瓶啤酒。最好冰的。”然后扭过头认真地对欲哭无泪的男生说道，“不够的话就说噢，我再多要几瓶。”

徐柚第一次接触酒精便是这样刻骨铭心。当他在瑟瑟寒风中喝完了五瓶冰凉的啤酒后已经感觉不到任何寒冷了，甚至连现在是冬天都感觉不到。他迷迷糊糊地看着对面笑嘻嘻谈天说地的女生，突然觉得好开心。

借摊主的毛巾用冷水洗了把脸，徐柚总算觉得舒服点儿了，意志倒是清醒得很，就是头仍旧晕晕乎乎的。转头一看，女生不知何时已经结了账，笑嘻嘻地站在他背后。“算我请客啦。”萧潇说完就转身走了，留下徐柚一个人在原地直觉得脸发烫。

可能最后他还是醉了，因为在回去的路上他突然鼓起勇气和萧潇并肩走在了一起。

“为什么她要请我吃饭呢？不对，为什么她会邀请我一块出来？难道是……”一路上徐柚满脸通红地胡思乱想着，心中一阵窃喜。

迷迷糊糊地回到了跳出来的围墙边，徐柚终于知道了为什么当时会觉得怪怪的。

“我们该怎么回去？”望着光溜溜的围墙外侧，徐柚疑惑地问道。

萧潇笑嘻嘻地拍了拍徐柚的肩膀：“哥们儿，现在全靠你啦。”

徐柚一脸疑惑地看着她。

女生没有理会，指挥他靠着墙弯下腰站好。然后又变魔术般地从口袋里掏出大排档老板那儿要来的塑料袋，套在了脚上。

徐柚隐隐约约觉得好像明白了她要干些什么，还没等他开口，只觉得肩膀一沉，女生已经跳上了他的肩头。

徐柚咬咬牙，努力地站稳身子。女生一伸手抓住墙沿，最后猛力一踩，直踩得徐柚眼前一黑差点儿背过气去。再一抬头，萧潇已经灵活地翻上了墙头，不见了。

徐柚痴痴地看着她消失的墙头，沉闷的声音传了出来。

“十分感谢你，不过我也没办法带你上来了，你自己从大门进来吧。感谢我已经请你吃了顿饭，接下来你自己保重吧。温馨提示，从大门进来前请先散散酒气，同时想想忽悠门卫的借口吧。我先走啦，徐同学。”

剩下徐柚一个人在冷风里目瞪口呆。

时间接近晚上10∶30分，在冷风中吹得直头疼的徐柚才终于费尽口舌说服了门卫放他进来。不过明天通报班主任挨一顿批是免不了的了，然而现在徐柚早已没精力再去理会那么多了。

说服寝室老大爷打开门又费了十来分钟，等终于回到寝室，徐柚一头扎在床上，片刻就睡着了。

兴许是在那天晚上的冷风里丢了魂，一连好几天，徐柚都觉得浑浑噩噩、魂不守舍的。一连好几天，他都刻意等到食堂都快关门了，才离开教室。朋友问起，徐柚也只是支支吾吾地回应几句，搪塞了事。

然而除不小心再次因为去的时间过晚最终而饿了几次肚子以外，徐柚一无所获。

其实也不能说是一无所获，因为就连徐柚自己都不清楚，自己究竟是在期望“获”一些什么。他问自己，究竟是在期望再次遇见那个晚上，那家大排档呢，还是期望再次遇见那个人？

说不清楚，真说不清楚。

一口气喝了好几杯水后，在一个晚上徐柚严肃地对着寝室里的三个死党宣布，他喜欢上了一个人。

“好事嘛。”老大边用一种猥琐的笑容对着徐柚笑着，一边问道，“是哪家的姑娘啊，那么好福气，叫什么名字啊？”

“……”老二插嘴了，“几班的啊？长啥样？”

“……”

老三抢先替徐柚做出了回答：“还用问，当然是美女啊！”

“你见过？”老二问。

“当然没有，猜测下又不犯法。你那么激动干吗啊？”

“哪儿凉快哪儿待着去。”老三被轰进阳台。

当天晚上，因为全寝室听徐柚讲述，过于激动，被寝室管理夜间纪律的老大爷连敲了两次门，训话一次作为警告。

接连又是好几天，徐柚突然又不敢很晚去食堂了。他突然很怕再次见到萧潇，怕再次面对。他也不知道自己为什么又莫名其妙地害怕，一连几天，他用餐又变得按时了起来。

他想再一次见到萧潇，再跟她打一次招呼，却又害怕再次见面，害怕打招呼。

他暗笑自己的矛盾，不知所谓，但暗笑过后，他依然按时去食堂。

“如果你想追那个女的呢，要赶快了，最好赶在寒假前。”

“为啥？”

“我可是帮你打听过了，人家是音乐生，高三下半学期开学以后，基本上就不会怎么来学校了，要准备艺考。打听到这些可费了我好大力气呢，怎么样，我够意思吧？”老大的话在他耳边清晰地回响起来。他很感激老大帮他做的一切，但又有些埋怨老大，为什么一定要让他这么快做决定呢？要让他这么快面对现实。

一连数星期，徐柚一点儿动静也没有，干脆沉寂了下来，每天按时上课，按时吃饭，按时回寝室，按时在熄灯前忙里偷闲地和室友吹牛闲扯。倒是老大还惦记着，几次问他怎么还不行动，也被徐柚懒洋洋地以一句“皇帝不急太监急”给堵回去了。

毕竟，见面的机会还是很多的，比如早自习迟到被罚扫操场的时候，去食堂的路上经过操场的时候，元旦晚会和校园歌手大赛海选的时候，许柚都能看见她。

与同伴嬉戏打闹的她，独自一人手拿乐谱练声的她，在静谧无人的夜晚弹一把魅蓝色吉他的她。

只是她从来没有发现过许柚。

“太阳还没落山呢，海棠花也还没有落尽呢，急什么？”每当晚上徐柚失眠时他静静地这么想。

可是……他不愿再想下去了。

徐柚的准备定在了圣诞节，放假的前几个星期。

在徐柚的时间观里，这一段等待的时间，一开始仿佛是遥不可及的，他天天数着日子，但是数来数去日子也没有变快，反而变得更慢、更难熬了。等到了离圣诞节的最后一星期，时间似乎倏忽间发生了反转，变得越来越快。简直令他措手不及的是，最后一星期的时间就将要过去了。

“由此可见，有些人说时间的流逝单位并不固定，是具有弹性的，这句话一点儿也不假。”徐柚暗自感慨。

平安夜没有下雪，晚上圣诞老人也没有驾着他的驯鹿凭空从一个大口袋里变出礼物。除了学校小超市里突然间开始畅销的蛇果，在默默证明着圣诞节的确到了以外，竟再没有一丝一毫的证据来证实圣诞节的存在。

“日子平静得都能挤出水来了。”徐柚想到了如此莫名其妙的比喻。

徐柚算了算时间，人应该都走光了吧。摸了摸口袋，他偷偷摸摸地溜了出来。

路上徐柚脸直发烫。一小半是因为激动莫名的心情，一大半则托了临行前为了壮胆喝的一大瓶啤酒的福。路上他居然一点儿也不觉得冷。

徐柚信心满满地转身冲站在寝室阳台上无声欢送他的室友招了招手，一路小跑去往教学楼。

徐柚一夜未归。

当第二天在寝室等了大半夜，各个都带着个大大黑眼圈的老大他们三人来到教室后，听到了“一个同学夜间闯入别班，被保安生擒，由于无法解释为什么会出现在别的班级且满口浓重的酒气而被当夜押进了保安室”的新闻。其他同学兴致勃勃地猜测那究竟是谁，剩下老大三人面面相觑。

几天后，当徐柚收到学校因他严重违纪而勒令回家反省三星期加记大过的处分时，他的第一个念头却是：

海棠花终于落尽了吗？

那封还带着徐柚体温的书信，最终他也不知道慌乱中被遗失在了哪里。

第二个学期，当他重新回到学校后，同寝室的三人很默契地再没有提起这件事，理所当然地，徐柚也再没有见过萧潇。

至于那样的夜晚，徐柚再没有遇上过。

5年后，徐柚打着哈欠开车掠过另一个城市的街道，驶在回家的路上。车内打开的电台里正放着一个名叫“说一说你收到的最难忘的情书”的听众互动节目。主持人挨个读收到的互动信息。

“接下来是一位姓萧的听众朋友发来的信息。她说，她收到的最难忘的一封情书是在高中。”

“在圣诞节那天，她收到了之前只有过一面之缘的男生的情书。但不知道为什么，情书放在了其他同学的课桌上。”

“她收到情书后去找他，但是一直到寒假他都没有再来上学。”

“寒假过后她就再也没去过学校。”

“她感到很遗憾。”

“她希望如果此时此刻这位男生也在听广播的话，可以原谅她。”

“她希望那个男生也能像她一样，找到幸福。”

女播音员温柔优雅的声音回荡在他的耳边。

“真是一个很无聊的节目啊。”她嘟囔了一声，抬手把电台转到了另一个音乐节目。

“柚，今天可是我们交往一周年纪念日，咱们去哪儿吃饭？”

许柚张张嘴，似是要说些什么。

但嘈杂的重金属摇滚音乐声已经充满了整个车厢。

文 / 羊含芝

如今我们只谈风月

羊含芝，笔名：Crystal.Y。上海戏剧学院硕士，做过导演，编剧，主持……目前做剧本项目主管。第十八届全国新概念作文大赛二等奖获得者，第二届中美国际电影节金天使奖获得者。

我非常克制地要了柚子茶，热的。对于将每一次新欢都视为初恋的我，让柚子茶承担此种治愈的角色实在有待考量。

年来肠断秣陵舟，梦绕秦淮水上楼。

十日雨丝风片里，浓春艳景似残秋。

——王士祯《秦淮杂诗二十首·其一》

漂泊在外，每每向人提及出生地，不管对方暖意、好意或别的什么意，一句“金陵秦淮女子，哩”，呵呵呵，空气中陡然荡起了粉色粒子……秦淮，似与“风”“月”二字离不开牵连，而我此生又与秦淮脱不开干系，我如今大了，却又真真应了《红楼梦》里的一句“如今长大了，渐知风月”，我摆手，冤得不要不要的。

我与凯西约好在秦淮河边的“雕刻时光”喝一杯。她知道我不太舒服，还允诺，待你下一次没事了，一起喝个痛快。而这一次我非常克制地要了柚子茶，热的。对于将每一次新欢都视为初恋的我，让柚子茶承担此种治愈的角色实在有待考量。况且，我哪能端着这么个热乎乎的水果茶向你叨叨风月之事呢？

对，我根本也不是千杯不倒，但是凯西他们又知道我爱喝，从在Y家聚会开始。

第一次和Y在一起的时候，觉得自己什么都不要了，有他抱着我就够了。我知道他有别人，但他还是对我比对别人好。我当着大家的面，对所有人说：“今天我们都高兴，只要一杯尽，不要一口抿，Y，我敬你！”几杯下去，我眯着眼蒙眬中看见他面露尴尬与不安，得意起来了，晃晃悠悠给自己斟满，站起身，当时这杯酒就应该直接朝Y面上泼去，这命中一泼，居然后来还延缓了三个月。

凯西拽着我，抢我的酒杯，拉我的衣服，要我坐稳淡定放下酒杯，冲Y喊：“你丫还不帮忙！”Y抱着我，拉着我的手在我耳边说：“你是不能喝酒的，我不好。”我一直最讨厌他对我说这三个字。那一刻我才知道，喝酒的时候，原来我的身子会起红斑，过敏。

那一刻，我黯然，这可怎么办！还没喝几杯就要倒了，还没看到他怎么收场呢。我抱着Y开始大哭起来，然后瘫坐在地上黏糊糊的鼻涕眼泪一把把地抹，我知道他㞞，他害怕别人闹。可他难道从来没想过我会一个劲地喝不能喝的酒吗？他难道觉得我会一直这样不吭不响待在他身边吗？他难道觉得他的尿会帮他掩埋一切吗？我承认自己行事不洒脱，挥挥手，让他走罢了，对于一个每次都捧着一颗少女心的女人，挥手作罢真的不是她的做派呢。

我和T分手后，Y约我去我们经常去的小餐馆吃饭。他又是很尿地问我为什么和T分手，又很愤恨地说“你挺讲究效率”。我把手中杯轻轻提起，起身从他头上开始浇起，滴滴答答的，他湿漉漉的头发纠在一起，酒顺着耳廓落在他的肩膀上，眼前的风衣深深浅浅印了一大片。我知道我当时的表情一定像雨花台一进大门的烈士雕像们一样无畏坚定，而Y，还是记忆中那副尿样，我无数次想象从眼角触摸到他嘴唇的轮廓，天啊，这就是那个旧爱呢，他在这儿，他还是回到我身边，而一犯尿就会说这三个字：我、不、好。

翻过他，竟像坐绿皮火车。

而我再次碰酒的时候，是一个人在深夜的街边，我只是正好经过。

春风正好，梧桐开始飞扬。

夜里手臂上戴着初恋送的珠串一条，散了又托人重串，现在它安静地贴着我的手臂仿佛天生如此，踩着的高跟鞋在发亮的街上发出的声音很闷。现在不比从前，随便走一走就有卖酒的地方，我好不容易在通宵咖啡店里扒开一瓶果啤，咕咚咕咚半瓶倒了下去。服务生好像缓了缓才张口：“小姐，这个度数其实很高。”我拿起手机打给凯西，她一出声，我就哇地止不住掉眼泪。“你不是知道自己不能喝吗？”然而她怎么不知道我是知道不能喝才喝的呢？她说：“你这女人真够蠢的！”我身子又开始泛色，红一块，白一块。

我知道不会再一起进入那扇门了，也不会独自再拉开那扇门了，我是多么害怕看到门后出来的L长着无辜的心，不屑的姿态，或者进门就瘫在我身上抱着我说我们在一起好不好。他拥有着我少女时代包括现在认为最应该做的事情，他身上散发着不同于他人的光芒，他盖房子，玩越野，建社会联盟，可惜我不知道他如何用自己的自傲隐藏着自卑，又为何用自己不为人知的乐趣来掩盖他内心的坍塌，更不知道我在梦里被超多人追杀，抬眼轻唤的英雄L，就是来追杀我最狠的那一个。他瘦得跟一道闪电似的，来的时候声势迅猛，走的时候一阵快闪，一丝痕迹也不留，像是从没停留过一秒。“三年前或者上周二，有片叶子飘落在我们的肩与肩之间，掉了又被捡起来。”我们被缘分捉弄前，刚好听见它对我“扑哧”一笑。

可是第二天我醒了，开始的曲子响起来，朦胧的夜晚让我激动，唯一的呼吸我却知道叫作爱情。而凯西这时间却对着我大吼：“你知不知道你用力过猛？”本来没什么，凯西对我一吼，我泪珠子就吧嗒吧嗒往下掉。“好了好了，我做好吃的给你……”咦？这话本来该是L对我践行的允诺，说好的一起，少一个人都不行。哦，凯西，你老吼我，难道还不知道这是我才会做的事吗？

夏夜微凉，秦淮绿水徜徉。

此趟归故里，无关富贵和夜行。可是居然“我们在一起好不好”这句话反反复复、飘飘荡荡在我耳边回响。草在结它的种子，风在摇它的叶子，我们站着不说话，L走过来揉揉我的脑袋，真像小时候看过的童话，胡子花白的老先生奖励做对事情的男孩子一颗星形姜饼。

凯西约我的同时还真的带了一盒自制的姜饼给我，看着我泪眼婆娑的样子，揉揉我的脑袋：“好了好了，回来了，回来了。”末了还不忘冷冷补上一刀，“没记性。”

醉，旧爱，关门。我端起柚子茶甜甜地说：“敬凯西。”

时光很快，我们无法雕刻，而风月途中遇见的，都不是你的错。我爱过的，只是耳边吹过的一阵风，你眼底见到的，那一潭月。

文 / 边梦娇

夙梦

边梦娇，女，闽江学院。爱好：煮咖啡。第十八届全国新概念作文大赛二等奖获得者。

年少初相逢。

年少初相逢

那一夜，大雪覆盖了整个村庄，街道上本该是死一般的寂静……

皑皑白雪刚把地面上的石砖覆盖满，家家户户也早已吹熄灯火，陷入沉沉的睡眠……

只是，屋外却一直没有安静下来，一批黑衣人悄然踏入这个村庄，凌乱的脚步转瞬间被飘下来的大雪掩盖……

撑着火把的黑衣人，在一声令下后，将火把全往这些家宅扔去。

“走水啦！快醒来救火！”

不知是谁发现了这场大火，这一声呼喊，直接把所有人喊醒。

只是当他们走出屋子打算取水救火的时候，却发现藏在黑暗深处的人群……

火光之下，他们手中的一把把大刀更显得冷冽，令人生畏。

“杀！”

所有人蜂拥而上，村民们也都在慌乱地逃跑，血溅了一地，却又被雪掩盖，在火的温度之下，化成一道道血水。

这些黑衣人宛如暗夜的修罗，一双双杀红的眼，更显得狰狞。

一个小姑娘躲在家里的炕下，紧紧地捂着嘴，瞪大了眼睛盯着屋外的情况。火势不断蔓延，黑衣人见差不多清干净了，正打算撤，却发现身边的人数不断减少。

“究竟是谁！给我出来！”话音刚落，便身首异处，人头骨碌碌滚到少女眼前，吓得她轻轻叫了一声。

当然，这声叫喊，他们也听得到，可是看到同伴惨死，却又不敢上前，他们围成一个圈，希望可以将躲在暗处的人也一同杀了，只是无奈，技低人一筹，依旧躲不了被杀这一结果。

“出来吧，已经没事了。”一双白色的靴子出现在小姑娘眼前，小姑娘本还在犹豫，转瞬间却想或许他能为她报仇！

“谢谢恩公！”小姑娘利索地爬了出来，对他道了一句谢。

只见那少年只是微微地点了一下头，便转身离去。

“恩公可否收我为徒？”

“嗯？”少年停下脚步，转身看着那个娇小的小丫头，“教会了你武功，那你打算做什么？”

“自然是找出凶手！为他们血恨！”小姑娘眼中虽带有坚定，但仇恨却多于这份决心。

“然后呢？”

“然后……然后……”

“我不会收你为徒，杀人，不一定为了报仇……”少年撂下这句话，头也不回地直接离去。

小姑娘没地方可去，也只能跟着他，大火最后还是将这里掩埋，最后只剩下一片狼藉。

“那是为了什么？”少女跟在他身后，不懂。

“为了……保家卫国，或许……”

少女不知道他这话究竟什么意思，她只觉得少年说的这句话很心殇，也很茫然……

（一）护国将军

小姑娘当年依旧拜了那个少年为师，那位姓李名若枫的少年将军……

小姑娘在10年后早已长得亭亭玉立，如今正在李若枫府上住着，小姑娘早已忘记她原来的名字。如今，她叫李霜华，人长得亦如冰霜一般冷淡，只是熟知她的人都知道她是一个十分豪放且大方的女子。

然而，她在众人眼中……却也只能是李若枫的徒弟，这是一个一辈子也不能跨越的距离。

“师父，听说江南花色正好，不如趁着你还在休息的时候，咱们一起出去走走？”曾经发誓要报仇雪恨的事早已抛诸脑后，在李若枫的教导之下，她的心性早就磨淡了。只是，毕竟还是个少女，总还是忍不住要四处玩耍一番。

“依你。”李霜华跟李若枫相处许久，早知道她的师父是一个只要撒撒娇、磨磨他，要求只要不过分，总还是会答应的。

李霜华得了便宜却不会卖乖，趁着自家师父还在低头饮茶的时候，去抢他的佩剑，李若枫像是知道她的想法一般，瞬间伸手阻拦住。

“怎么？怕抢不过为师？”李若枫难得嘴角带着笑，李霜华自然不会认输，一手拨开他，另外一只手继续去抢。

李若枫依旧坐在石凳上，将手中的杯子击向李霜华，李霜华一个反手接住了这洒了些许的茶杯。

“谢谢师父的茶。嗯！真是好茶！”饮下一口，继而又将杯子扔向李若枫。

“既是好茶，便多饮几口吧。”李霜华再次接住了茶杯，整个人都站了起来。

“好茶当然要一起分享，师父，您说是不是？”李霜华宛如一只蝴蝶，素白的衣裳，却以红色绳子为腰带。李若枫不禁想，这个丫头，原来都这般大了……

“为师接下你这杯茶。”

李若枫就这般认了输，李霜华还未尽兴，依旧去抢他的佩剑，李若枫也随她，一个转身将剑送了她。

“师父啊，既然饮茶这般无聊，不如欣赏一下徒儿为您舞的剑吧。”说罢，李霜华跃出亭子。

李霜华总说这把剑太秀气，女儿家用更好。

李若枫也只是笑笑不语，并没有多说什么。

只是今日再次拿到这把剑的时候，李霜华依旧觉得这把剑真的太秀气！剑身比平时的剑要窄几分，剑身轻薄，剑柄更是宛若凤尾！

李霜华在亭子外边舞着剑，李若枫就在里边慢慢品茶，慢慢欣赏。

李霜华天资过人，他教的剑术更是被她学了个有模有样，可惜动作花哨，不似一般拿剑人那样狠。

李霜华无乐而舞，动作轻盈，透着寒光的剑在她手中却不像冷兵器一般，令人生畏，反而会有种想要接近的感觉。她像个蝴蝶，没错，偌大的轻纱衣袖在她舞动的时候也在翩然起舞，十分有节奏，乌黑的长发也并未像邻家女子一般全部盘起，也只是用一根发簪松松地盘着，然而在她动作之下却未见发簪有所掉落……

李若枫不得不承认，自己也一直沉溺于她的舞之中。

她的舞是不带一丝感情的，却又很好地将人的情绪慢慢化为平静，然而，他也不知道这是为什么，他就是喜欢看她舞剑。

长剑一挑，身子一压，反手挑起，脚也在地上画了一个圈，继而轻轻一跃，剑背于身后，落地再一个扫腿……

“放肆！”剑再一次刺出的时候，一个沉重的声音突然响了起来，吓得李霜华差点儿把剑掉在地上。

“将军。”李霜华跪在地上，头也不敢抬，大气也不敢喘一口。

“狐媚女子！哼！”李将军一个甩袖，直接越过李霜华，往他儿子身边走去。

“父亲。”恭恭敬敬地作揖，“霜华，你先下去好好准备准备。”

“嗯！好！”将佩剑奉还，李霜华稳稳当当地走了出去，在别人面前，她依旧像个大家闺秀，只是那也只是表面……

“你也知道，你这把剑是你母亲……”李将军看着李若枫安安静静地将剑收还入鞘，更是生气！

“然而父亲你也不得不承认，霜华与母亲很像。”

“唉……这个也确实……”李将军叹了口气，“她终究是你徒弟，莫要有过多的非分之想，你将来，可是要迎娶公主的。”

“是，皇命不可违，这孩儿还是记着的……”李若枫依旧是想违了这个皇命，他一是与公主不熟，二是将来还是一个常与死亡接触的人，莫要误了少女芳华才好。

李霜华回到房间，特别兴奋地收拾着过些日子外出所需要的细软，想了想，还是顺便去给师父一同收拾的好，接着就带着侍女一同去师父所在的院子里了。

李若枫与他父亲聊完的时候，刚回到院子，就看到李霜华的侍女待在院门口发呆。

李若枫示意侍女不用通传，直接回了屋子，看看那个小丫头要怎么毁了他的屋子。

“小月，你快点儿过来帮忙！哎哟！你说那么多件衣服带哪几件好？”李霜华将一堆衣物扔在床上，还有一些佩饰，也胡乱放了一堆。

“都好都好，随便带几件方便的就好。”李若枫假装没看到李霜华将他的官服扔在了地上，估计还“不经意”踩了几脚，已经脏得不像样了……

李霜华被突然出现在身后的李若枫吓了一跳，然后想起了地上的官服……她立马拉着自家师父，让他背过身，连忙将衣服踢进床底下。她原以为她的师父没有发现这个小动作，却没发现李若枫早已忍了很久的笑了。

“好啦，小丫头！乖乖去收拾一下，三天后我们就出发！”李若枫宠溺地揉了揉李霜华的脑袋。

“是，我的师父。”然后李霜华飞快地寻了几件李若枫平日爱穿的衣裳，叠整齐后放好，紧接着就对师父说了声告退，还未等李若枫回应，便一溜烟不见人影了。

李若枫看着屋内的狼藉，无奈笑了一声，便唤人进来收拾，自己则拿着剑去了院子内练起剑来。

李霜华突然看到自己手上还揣了根白玉簪子，然后直说自己太笨了，居然忘记把东西放好。

“少将军……怎么……您的官服会塞在床底？”打扫屋子的小侍不由一惊，这么重要的东西怎么会掉地上了，还塞在了床底？你看这弄得多脏！你看这些褶皱！

“许是收拾的时候不小心掉地上了。”李若枫练了一会儿剑，刚进屋，却没想到小侍这么快就将它翻了出来。

“咦？少将军，您的一根簪子咋不见了呢？”

“许是不小心丢哪儿了吧。好了，你先下去吧。”李若枫没想到那个傻丫头居然把这个也不小心带走了，还真的是……

“可是少将军，那不是夫人生前送您的礼物吗？”

“哦？”李若枫挑眉，那个小侍见李若枫没有多少回复，便也不自讨没趣，退下了。

簪子，居然被她不小心顺走了？无碍，她爱，便拿着吧。

李若枫虽然很喜欢那根簪子，却也没多大追究，反正那个丫头从不会将他的东西弄坏或者弄不见。

官服？哦！对了，李霜华其实不怎么喜欢他如今被人束缚着臂膀，条例太过约束，让人压得缓不过气……

（二）江南一行

李若枫一大早就被李霜华喊醒，在所有人的目送下坐上了马车，然后往江南小镇出发。

“师父，你说，那边会不会有很多玩的？”

“嗯。”

李霜华听到这句回答，更加向往，她10多年来，可是没有出过一次远门的，如今怎能不去好好玩闹一番。

“啊！对了，师父！昨天不小心把您的簪子顺走了。”李霜华从袖里拿出一个绣花包，将里面的白玉簪子还给了他。

李若枫看着上边雕刻的祥云，又想起了李霜华曾经的经历，忽然不怎么想拿回去了，尽管这是母亲所送，可他还有这把剑……

“你收着吧，你不怎么像寻常女儿家一样爱贴花黄打扮自己，这根簪子你平日束发也能用得上。”

“真的吗？嘿嘿！”

“嗯。”

李霜华一看这精巧的做工，加上这白玉的质地特别好，她怎能不爱？否则就不会在之前一直拿在手中细细打量。

李若枫一心只希望她不再遇到家破人亡……能嫁户好人家……

可是，他却没想起来，如今，他就是李霜华的家，他什么时候会在沙场上丢了性命也不可知……

李霜华小心翼翼地将簪子收好，贴身收好，她可不想自己师父送的礼物就这般损坏或者是不见了。

一走便是十多天，一路上的颠簸，终于在看到杭州小镇的时候结束了。

马车停在路上，显得十分突兀，尤其是在他们下马车的时候，目睹两人容貌之时，路人纷纷惊叹真是男才女貌啊！

然而他们却不知道两人是师徒关系，是一个被礼教束缚的距离——再怎么有意，也不可能一起。

女子如蝴蝶般总是一步一跳的，还不时地对李若枫招手。

李若枫此时则拿着一把折扇，一张一合的，跟在李霜华身后，与她有说有笑的。

“师父，这里好热闹啊！”李霜华被李若枫牵住了手，李霜华只觉此刻心变得特别不一样，竟难以平静下来。

“乖乖的，客栈就在前边。”

“是。”李霜华瞬间变得唯唯诺诺，安安静静地跟在他的身后，然而却还是忍不住往周边看看，这里有很多小玩意儿，京城那边可是没有的，怎能不让她这般好奇。

“师父，若是可以，我多希望可以跟您在这里置一座院子，然后继续一起生活……”

李若枫听到这话，竟是愣住了，转瞬间，又牵着这个傻丫头往前走，一直没有回头，一直没有答复……

李霜华知道自己这话是过分了些，毕竟他们也只是师徒，再怎么，也只能是师徒……

李若枫何尝不想抛却家业，安安静静地与心爱之人一同在这边安家，立业。

他们在这里玩了不过几日，李若枫便收到家里来信，命他们俩速回。

李将军从未有过这般沉重，他们也不敢多逗留，只能尽快收拾，快马加鞭地赶回家。

一切终究还是会到来，尽管他再怎么不想面对，可他依旧是个将军……这一辈子，就是为了保家卫国……

李将军临危受命，隔日便要带领军队跋山涉水，远到边疆，去平定匈奴之乱。然而，另外一道圣旨，却是——公主下嫁将军府。

这一日迟早要来，只是没想到来得这么快，李若枫看到身后那个一直低着头闷不作声的女子，不知这世上是不是真的有来世，可以让他们不再有着这一层的束缚……

（三）大喜之日

这场婚礼办得匆忙，可是宫中与府中的办事效率，却是准备得特别完美，李若枫的喜服早已赶工出来，可是他并没有试穿，即便是一回也不愿意。这段日子，李霜华像是故意在躲着他一般，不过在听到边关战捷还是会特别兴奋地跑去与他一同分享。

李霜华听说这个公主没有多大千金脾气，而且为人大方，据说还长得特别漂亮，或许这样也好，至少，给师父找了一个漂亮的女子。

只是，李霜华自然知道，这也不过是一场政治婚姻，为的也不过是两家人的利益，只是苦了李若枫就要被当成忠心的礼物献上去。

那一日宴请了许多客人，李将军在边疆，遗憾不能喝上儿子的这杯喜酒。李霜华一身白衣，坐在了一旁，一直没有发话，直到他们行完礼，送入洞房。

那一夜，李霜华是第一次看到自己的师父喝了那么多的酒，别人都说他幸福，可是李霜华知道他并不开心，可她却不敢上前，尽管只是想说一句话……也不敢……

这一夜，李霜华用的是他送她的发簪挽起了长发，李若枫早就发现了，只是为什么，她却一句话也不愿对他说，即使只是一句虚伪的“祝您幸福”也好……

李霜华悄悄退了场，李若枫也寻了个借口离去了，所有人都以为他只是急着去看新娘子，也没多阻拦。

“你就不愿意对为师说上一句话？”

闻声，李霜华停住了离去的脚步，可是她却没有回头，也不知道究竟要说些什么。

“真的是一句也要吝啬？”

“师父，您醉了。”话语十分生硬，并不带一丝感情，可是李霜华早已流了一脸的泪，原来曾经也只是自己在痴人说梦，梦醒了，这一切都会破碎……

“醉与不醉，难道你……”李若枫上前，硬是扳过她的臂膀，让她转过身来对着他，却发现原来她也不是那么好过，话一下哽噎在喉。

“师父……您该回去了……”硬生生挣脱了他的手臂，李霜华加快了脚步，头也不回地离去了，独留李若枫一人在原地发呆。

什么丑态，都被师父看到了，她怎么这么不小心，没有留意到师父的脚步声呢！

李若枫这一夜并未回到新房，而公主听到婢女给她添油加醋的转述，更是恼火，一把扯过了红盖头，扔在地上，继而命令婢女给自己更衣休息。

尽管所有人面面相觑，但也不敢违背这位高贵主子的命令。

李若枫自成婚以来，从未与这个公主见上一面。他自是见过公主，自是知道这位公主长得确实不赖，只是，他不想让她有多少念想。

征战三月，李将军不幸战死沙场，李若枫更是义无反顾地接起平定边疆这个命令，也算是圆了他父亲的梦……

“师父……一定要平安归来……”

“嗯，等我……”

“相公，你可是忘了谁才是你明媒正娶的妻子？”公主一见两人就气不打一处来，一脸嘲讽，李若枫也只是看了她一眼，“哦”了一句，便上马急驰而去。

“认清你自己的身份，不过是一个不知从哪里捡来的野丫头，如今高攀了相公，成了他的徒弟，皇命在上，你们再怎么也不可能成婚，更别说是师徒这般有违常理之事！我们走！”

李霜华只是默默地低着头，状似很认真地聆听教诲，其实心思早已不知道飞到哪里去了。

然而这个公主也不是省油的灯，她连夜让人修了一封折子，上奏皇上，说是有一计可以停止战乱。

皇上也知道这不过是公主护着自家相公的一个办法，然而他看完折子，还有随折子一同献上的画纸，便修书让使臣带去议和。

（四）和亲

使臣奔波了十多日，终于说服了单于，而且单于也特别相中画中这女子，自是答应议和，商量好了条件，便也答应了。

李若枫对今日之事觉得奇怪，可是又看不到画中人究竟是谁，只是觉得一阵心慌，这是自上次母亲去世以来的又一次心慌，这一次，却又不知为何。

只是圣旨到的那一刻，李霜华知道，自己这一回怎么也躲不了了，她知道这一切都是公主使的计谋，可这又有什么办法，自己根本无力反驳，只能在这里好好地准备，成为一个交易的道具，不过那也是，谁让她越发长得精致，这也是她活该……

黄道吉日也都选好了，皇上一道圣旨，李霜华便成了一位和亲公主，嫁衣一披，红盖头一盖，便入了和亲的队伍。

李霜华暗自感叹这一生的无常，不过，幸运的是，她去过江南，走过敦煌，这一辈子也是足矣，她还有一个对她特别好的师父，这一生也算是满足了。

李若枫等了十多日，远远地终于等到了和亲队伍，只是这一日，眼皮跳得紧，总觉得有什么不好的事要发生……

在听到圣旨的时候，听到那个熟悉的名字，他瞬间就像被雷击中了，整个人愣在了原地，就连接旨也忘了，最后还是他的部下提醒他接的圣旨。

然而所有人都没想到，李若枫却直接冲到花轿前，掀开帘子，把那个安静坐在轿内的女子的红头巾扯下。

“师……父……”眼泪忍不住落下，李霜华怎么也想不到，朝廷居然让他做和亲的将军……

“告诉我！为什么！我问你！”

“呃，这个，公公，你也知道将军跟公主的关系，通融通融，让他们说几句话吧。”说完便给他塞了十几两银子，公公点头，吩咐不要太久，就走到了一边去。

“皇命在此！你让我怎么拒绝？”

“是公主对吧？告诉我！”

“师父，告诉我，你可曾对我有一成是上过心的，半成也好……”李霜华硬是忍着泪水不让它落下。

李若枫却是不知道该怎么回答，何止是一成！他的心早就装满了她！

李霜华艰难地扯出一个微笑，拿回红盖头，再一次安静地坐回轿子内。

“我……并无什么东西可送你，唯有这把佩剑……”

“谢谢师父。”声音有些哽咽，可是两人这般谁也看不到谁，或许才是最好的选择。李霜华接过那把精致的佩剑，许久，李若枫也离开了，所有人面面相觑，最后却也只能整装出发，莫要误了吉时。

送入了匈奴，李霜华早已心灰意冷，如今她只能是好好地扮演好这个角色，这样至少不会连累到李若枫。

只是谁也不知道，李若枫回去之后，便写了一纸休书，与那套官服一同送还，带上些细软，头也不回地离开了。

公主哪里像别人口口相传那般贤淑？高高在上的她从未受过这样的委屈，然而，她的父皇也只是让她接受这个现实，这场婚姻，本就是一场交易。如今，交易的一方早已不会对自己造成任何威胁，就连兵符也献回，那么这场闹剧也该结束了。

皇上自然对这结果很欣喜，只是没想到，这位少年将军，却是这般决绝。他并未像他的父亲一般，将一生都献给了家国，戎马一生，最后依旧逃不掉战死沙场的命运。

只是“保家卫国”，对于李若枫来说，这个词就是一块大石，压得人喘不过气，他更是不知道要用怎样的感情来念出这四个字。

然而匈奴却不知为何再次挑起战乱，而这一回李若枫再一次授命平乱，只是这一回，带回来的却只是他的衣冠冢……

他的这一生，也该是这般开始，这般结束……

（五）夙·梦

李霜华如今在杭州买了一座大院子，每天在里边独自一人，看着那把佩剑发呆，有时还会舞几下。不时院子里会有些下人打扫，日子过得十分清闲，除了这里少了一个人，那个自己曾经对他说要一起在这里生活的人。

自她知道李若枫战死沙场后，她的心，也跟着去了……

单于也早就知道他们俩的感情，自她嫁入匈奴的那一刻，不，应该说还在和亲的路上，他就看到两人一个绝望、一个无奈……

从那天起，他就对李霜华做出了一个决定，决定挑个日子，将她秘密送回……或许他们俩还会有相遇的那一刻。

当然，那场战乱，是他故意引起的，那一夜他偷偷潜入敌营，与李若枫谈了一个交易，李若枫自然是答应，并且两人的戏演得如此完美，让人也很难不信李若枫在沙场上尸骨无存这个惨状。

只是他没想到，远在京城的那位公主，却因此发了疯，真是一段孽缘。

当然，这件事也没有让李霜华知道，他只是每次看到李霜华盯着发簪、剑发呆的时候，直叹无奈。说是无情那是假的，可是再怎么有情，却也不忍心扰了这份本该延续的姻缘，在他眼中，师徒又怎样，错过了，来世可就未必能遇上了。

李霜华依旧喜欢穿着一身白衣，头上用来挽头发的依旧是那根白玉簪子，尽管早已被她摩挲得更为光滑，有些祥云雕刻也被磨去了些许模样。

这一日，大雪。

李霜华撑着伞走在西湖断桥旁，欣赏着十分著名的断桥残雪，只是如此大雪，也就只有她一人在这里有这个闲情雅致，更显孤寂。

一身白衣一把素伞，早已融入了这一片皑皑白雪之中，墨发只是简单地用簪子盘起，她就这般站在雪中，似在等着什么人，却又不知道自己在这里究竟要做什么……

“雪如此大，怎不去找个地方，避避风雪？”

一个熟悉的声音在李霜华的身后响起，可她不敢转身，生怕这只是一场梦，生怕，自己不过出现了一场幻听。

“怎么？连为师的声音也认不出来？”李若枫撑着伞，走到了她旁边，脸上尽是宠溺。

“师父。”平静，没有多少波澜，可是李若枫知道，她不过是不知道要怎么表达如今的情绪，毕竟他可是“死而复生”呢。

“走吧，该回家了。”说罢，李若枫牵起李霜华的手。

是暖的，师父，这真的是师父！她心心念念的师父并没有离开！

“师父，为什么你……”

“没有来找你，是吗？”李若枫与她雪中漫步回去，“那是因为，我还在想，你和亲之前问我的话，究竟要怎么回答你。还有就是……我刚找到了你，之前一番盲目，突然想起你曾经说过要在这里安家。”

李霜华不知道是冻红了脸，还是因为他这句话而羞红了脸。

“你愿意做我的妻子吗？”

“一辈子，不再分开……”

“好……不再分开……”

4
关于猫

如欲相见，我在各种悲喜交集处。

——木心

文 / 滕孟男

∴ 关于猫 ∵

滕孟男，笔名：魑魅。目前就读于湖南邵阳洞口创新实验学校。文风偏东南风，有时候也刮西北风，偶尔吹吹龙卷风。爱好文学爱好电影，爱好一切美好的事物。第十八届全国新概念作文大赛二等奖获得者。

它就是在我抽烟的时候撞进来的，之所以说撞是因为它的动作真的很粗暴，大概是房间里的温度让它很向往，它一脑袋直接撞在了玻璃门上，“咚”的一声闷响吓得我呛了一大口烟。

听朋友说，它是在一星期前的晚上跟着他来到这里的。应该是只野猫，凌乱的毛发，并不壮实的身子，以及看上去就很野的一撮黑毛。

怎么说呢，其实我对宠物一向不太感冒，因为太麻烦，伺候它吃饭喝水，伺候它拉屎撒尿，连自己都照顾不好的人哪来的闲情雅致去养宠物。所以它来的那天，其实我是拒绝的。

那天晚上我正在为一篇稿子发愁，很久没有动笔让我第一次感受到原来写东西有时候也会变成一件很痛苦的事。外面下着小雨，雨水淅淅沥沥地落下屋檐，我伸出手去接了点儿，一秒后被冻成傻逼又缩回来。据说伸手接屋檐水的话，手上会长很多疮，很痒很痛，外婆告诉我的。小时候总是被这种话吓到，一度看到屋檐水就下意识地躲开，哪怕后来长大了知道这只是大人吓唬小孩子的把戏，也还是习惯性地去躲。

房间里开了空调，风口正对着我吹，32℃的热风让我的脸和整个房间里一样干燥，伴随而来的就是赶也赶不走的焦虑。我索性把落地窗打开，出去抽支烟透透气。

它就是在我抽烟的时候撞进来的，之所以说撞是因为它的动作真的很粗暴，大概是房间里的温度让它很向往，它一脑袋直接撞在了玻璃门上，“咚”的一声闷响吓得我呛了一大口烟。

“这什么玩意儿！”我掐掉手里的烟头，赶紧招呼朋友把这毛茸茸的东西弄出去，“他妈的哪儿来的猫啊！”

“你丫鬼叫什么呢！”朋友过来抱住猫，“别吓着猫了。”说完带着猫进了房间。

算起来，这应该是我和这只野猫第一次见面。其实也不是没有养过猫狗之类的动物。在我很小的时候父母外出经商，把我寄托在外婆家里。我老家是个山城，有山有水，很是清闲，外婆外公在郊区定居，有一套小四合院，我记忆里童年的场景大多和这四合院有关。农村里总是爱养些猫狗看家护院，外婆家养过一只小白狗，很瘦，怎么喂都喂不肥，唤作小白。每次姨夫接我放学回家，小白永远是第一个出门迎接的，大老远听到摩托车声响就跑出来趴在铁门上，尾巴一直摇个不停。平日里给它喂食，它总爱摇着尾巴绕着主人先转一圈再低下头去吃，发出些“呼噜呼噜”的声音。每次家里有人出门的时候，它都会跟在屁股后头到屋门外头的田坎上，等到你走远拐弯儿看不见了，再溜溜地跑回去。

那时候还不知道什么“狗是人类最好的伙伴”这样的说法，只觉得小白挺乖，从不乱跑，从不咬人。看到这野猫的时候莫名其妙地就想起了它。

朋友叫这只野猫“失眠”，听到这个名字的时候我可劲儿吐槽了半天，一只猫，还取那么个文艺的名字，还“失眠”，干脆叫“多梦”算了。后来朋友解释说，是因为这猫右眼有一圈黑毛，就跟人的黑眼圈一样，所以才叫作失眠。

我翻了个白眼，默默吐槽。想着要和一只猫同住一个屋檐下，想到那野猫拉屎撒尿，一身猫毛，心里打了个冷战。我不止一次提议在门口给它建个窝，让它住外边儿也不会被风吹雨淋。朋友则一脸嫌弃地看着我说：“你怎么那么没有同情心啊，这么冷的天，你都知道吹空调，人家猫就不冷吗？”

我羞愧，我忏悔，我无地自容。不管怎么样，我被动地接受了和一只野猫住在一间房子里的命运，并且还要无条件地接受将自己的食物匀出一些给猫吃。

看着碗里本该属于我的红烧鱼进了它的肚子，我一脸幽怨地望向朋友，他大概也觉得有些不好意思，干咳了两句说：“我已经给它买了猫粮了，今天应该就能到。”万幸，有了猫粮以后我终于又体会到了吃饱饭的感觉。

就这样，这只野猫，不，现在应该叫它家猫了。这只家猫从撞我的落地窗到撞进我的生活里，于是乎，每天早上我起床刷牙的时候都能听见猫叫，每天都能在沙发上看到猫毛，每天晚上写稿子的时候一抬眼就是一双贼幽幽的猫眼，每晚在阳台抽烟的时候都有一只猫站在身边。有时候它也会撒丫子跑出去野一天，不过深夜十二点前都会回来，它算准了我十二点会关门，踩着点刺溜一下蹿进来，再理理乱毛，慵懒地看着我。有两次它也晚点了，我特意站在门口等着看它笑话，谁知道它看到我的上一秒还火急火燎地没头苍蝇一样乱窜，下一秒看到我了一愣神，咧开嘴“喵”一声，慢慢地趴在门口，算准了我会开门放它进来。丫总是一副欠揍的表情！

倒也和谐。

直到那天早上。我换好衣服梳好头发，搭着毛巾准备去洗脸刷牙，一出房门一落脚，感觉一滑。老实说我当时愣了三秒，心里涌起一股不好的念头，低头一看，果然，我的新鞋，匡威木川系列，处女踏，踏在了一小摊猫屎上面。对于一个有洁癖的人来说，能够忍受这只猫存在的最大一个原因就是它没有在家里拉屎撒尿，并且每天朋友都会定时三次打扫猫毛。那一刻我刚刚消退的对这只猫的讨厌又重新回到峰值，并且稳步上升。

"哎呀，猫猫狗狗的嘛，看在它第一次的分儿上饶了它吧！"朋友安慰我说，"哪有小动物不乱拉屎的？"

小白就从来不会乱拉屎。外婆家的小院里，除了水泥地还有一块泥巴地，种了些瓜果蔬菜，那块地就是小白方便的地方。小白习惯在那棵枣树下方便，方便完了还要刨两脚泥土遮羞。有次我看到它大老远飞快冲过来，还以为发生了什么了不得的事，哪知道它蹿到树下……你懂的。

不过失眠毕竟是一只野猫。可能真的只是偶然，那之后失眠再也没有在家里乱拉屎撒尿，我也渐渐忘了那次的不愉快。有时候看着它吃猫粮，嚼得"嘎嘣嘎嘣"的还挺有意思。别人说养宠物最享受的就是看它吃东西和抱着它的感觉，我做不到抱着它，看看它吃东西还是可以的。猫吃东西很斯文，不像狗，"吭哧吭哧"两下就没了。吃完还舔舔爪子，挠挠脖子边的毛，倒也看出点儿优雅的味道来。朋友在的时候失眠大多被他抱在怀里，它似乎很享受主人温暖的怀抱和温暖的空调，赖着不愿意动弹。

因为失眠的出现，生活也多了点儿乐趣，至少每天不再是只有吃喝拉撒睡写这六种状态。偶尔能听到一声猫叫，能听到一阵动静，房子里也不显得那么冷清。我开始渐渐理解那些养宠物人的感受，人类是所有动物中最擅长社交的动物，也是最适应群居生活的动物，但是偏偏人类也是最孤独、距离感最重的动物。也许一只不会说话的宠物，一只猫，一只狗，有时候来得比一个人更加安心。我开始习惯晚上写稿子的时候失眠趴在脚边，有时候还伸手去摸摸它的肚子；不再那么拒绝它爬过的沙发，只要没有猫毛忍忍还是能坐；时不时也给它喂点儿吃的，带回来的外卖总分它一点儿，就像是家里多了一个人。

就在我习惯了失眠的存在的时候，它却自己离开了。那天早上朋友冲进我房间把我叫醒，凌晨两点半才睡的我大有一种你不给我个说法老子就搞死你的冲动，他却张口问道："你看到失眠了吗？失眠不见了！"之后就是很久很久的沉默。

我们找了很多地方，小区里的每一个角落，甚至是女厕所都进去找了。不过都没找到失眠。它消失得那么突然，以至于我无法用文字表述。它就这么消失在我们的生活里，来了又去。房子里只剩下小半碗猫粮，一个用硬纸板搭成的里头塞了棉花的窝，还有一小杯它喝剩下的已经凉透了的牛奶。因为我的洁癖，甚至没留下一根失眠的毛。我清楚地记得昨晚朋友有事晚归托付我给失眠喂吃的，倒牛奶的时候失眠还舔了一下我的手指，很轻很羞，怯生生的。为此我还特意用香皂洗了手，那时候没想过，也许，这是失眠的告别。如今失眠就这样走了，又恢复了它野猫的身份，或者说，是流浪。

前两天朋友离开长沙回家过年，房子里就只剩我一个人。我每天还是会在门口摆一点儿猫粮和牛奶，害怕哪天失眠又突然回来没东西吃会饿着肚子。晚上站在阳台上抽烟的时候总是不自觉地"喵"两声，好像这样就能把失眠叫回来。我开始想念每天晚上有个家伙陪着我抽烟写字的生活，只不过，那只叫作失眠的猫已经走了。

其实猫并不是一种很吉利的动物，在我老家老人们常说猫长着阴阳眼，能看到很多人看不到的东西云云，会带来不好的霉运。不过我却不这么觉得。小时候我很害怕那些螳螂、蜘蛛、飞蛾之类的，外婆告诉我，如果哪一天突然有个动物闯到你身边来了，那一定是家里亲人的思念化身的。说这话时外婆笑得很慈祥，脸上的皱纹叠成一条条沟渠，她说小白就是这样的呀，爸爸妈妈出门了，他们对孟男的想念就变成了小白到了我们家。

我想，失眠应该也是的。离开家到长沙已经快半年了，说不上久，但是也不算短。

前段时间外婆过生日，打电话过去的时候说外婆正在做饭，从扩音里能听到外婆在那头说话，大致是问我长沙冷不冷哟，有没有多穿衣服哟。明明十八九岁都能称为男人了，在外婆心里却依旧是个长不大的孩子。复读两年，外婆从没问过我考得怎么样，只是在我决定再来一次的时候总是心疼地说："又要多辛苦一年哦！"

我掐了烟头，站在阳台上吹冷风。长沙的冬天真的很冷，湿冷，冷得透，也不知道家里怎么样了。我又开始担心失眠，这么冷的天，没有遮风挡雨的地方，该怎么过下去？明明可以享受作为家猫的温暖舒适，却又偏偏要不死心地出去"闯荡"出去"流浪"。这么想来，还真是和我自己一个特点。

房子里的空调依旧暖和，我吐了一口外面吸进来的凉气，捧着水杯暖暖冻僵的手，敲完这最后几个字，我也要整理行李回家过年了。已经出来了太久，对于在外远行的人来说，每一秒都是漫长的，因为在家里有家人陪你分享这一秒，而在外面，只能独自承担这一秒。临走之前我还会热一杯牛奶，倒一碗猫粮放在门口，也许失眠还会像那天晚上一样来撞我的落地窗，也许失眠还会像平常一样来吃食，也许，它还会回来。谁知道呢。

文 / 余珊珊

黑白世界

余珊珊，第十八届全国新概念作文大赛二等奖获得者。

刘风警官把盖在酒鬼杨身上的黑色篷布掀开，一群苍蝇伴随着腐臭扑面而来。

一

酒鬼杨死的第三天，市里才派警察来和风镇，刘风警官把盖在酒鬼杨身上的黑色篷布掀开，一群苍蝇伴随着腐臭扑面而来。

要不是躲得快，刘风定会干呕好一阵。

血都已经干了，成了棕黑色，镇里胆子大的人都围了过来。看到这副惨状，都叹着气或是发出“啧啧”的声音。

刘风屏着呼吸，让两个法医把酒鬼杨的尸体检查了一遍，后脑勺着地，血中夹杂着白色流满了整条短巷，大概死于3天前的凌晨一点。

二楼摔下来，怎么会死人呢？刘风捂着鼻子想。

人群哄闹起来，刘风转过身，看见了朱色木门后的女人，脸色惨白，穿着白色的长裙。她看着门口的人，满布血丝的眼里却涌出希望的光。

“作孽啊。”邻里们七嘴八舌地议论起来。那女人是外地的，原来是镇长的妻子，后来镇长同她离了婚，她带着孩子，又没有工作，无法维持生计，只能被这酒鬼杨带回家。如今，酒鬼杨又从阳台上摔下来死了。这外地女人可真是扫把星。

女人动了动嘴唇，想说什么，就昏在地上了，像是一朵白色的水仙，在风中悄然枯萎，落在地上也没有声音。

“让开！让开！”刘风急忙拨开人群，把女人抱了起来，朝镇上唯一的诊所跑去。

二

这应该是10年之后，刘风再一次回到这个镇上，他生在这儿，长在这儿，后来离开这儿。

他不知道自己的父亲哪里去了，只知道他和妈妈在和风镇，老是被镇里的人欺负。那些表面上看起来和善的人，总是会在巷口七嘴八舌地议论：“你瞧刘风他妈，整天打扮得一副狐狸精样，从没见她下地干过活，不会真是……”

看见刘风走过来，他们会噤声。刘风知道他们想说什么。

婊子。

因此，刘风吃完饭总会在巷口走来走去。

那群镇里的孩子，喜欢用石子儿在背后砸他，还会把鸡赶到他家门前拉屎，他要是敢拦，就会被摁到黑乎乎的台阶上揍一顿。每次他都要哭，一个人坐在台阶上哭，哭到暮色四合，才红着眼回家。

有一次，那群孩子当着他的面喊他是婊子的儿子，他气得大哭，喊："你们妈妈才是婊子。"

那天他被摁到台阶上的时候，嗑掉了一颗门牙，此后说话都漏风。

他恨死那些和风镇的人了。

他把一桶粪倒进了和风镇的井里，镇长就把他和他的妈妈赶走了。

和风镇只有一口井。

他每天看他妈妈勾鞋子，从日出到月落。

他拿行李的那天，镇长的妻子来看他。他觉得那是他见过的最年轻漂亮的女人，她总爱在她家的院落里种满各色的花，她喜欢边看泰戈尔的诗，边摇孩子的摇篮。

那天她给他塞了几个烧饼，镇西陈家铺的烧饼。当他打开纸包的时候，里面还有几张零散的钱。

三

"刘警官！你快过来，我们发现死者的裤脚上有被钝物撕裂的痕迹。这很可能，真的是一场谋杀案。"石警官推开刘风房间的门，像发现了惊天的大秘密一样。

刘风变了脸色，放下遥控器起身，说："走，去看看。"

如果真是这样，那么很可能是凶手，先将酒鬼杨的裤子钩在了什么东西上，这样可以让处于醉酒状态的酒鬼杨头先着地。

刘风踩着木制的楼梯登上酒鬼杨掉下去的地方，一个并不开阔的阳台，水泥已经开裂，栏杆很矮，只比膝盖高一点儿，也是水泥砌起来的，有些地方红砖已经裸露了出来，像是病人尚未痊愈的伤口。

刘风站上去，没有任何蹊跷。这究竟，是怎么回事？

哪里有可以挂住人裤脚的东西？刘风紧锁着眉头。可能真的是他多疑了，酒鬼杨的死就是醉酒后的失足。

“喵呜”，刘风听到一声猫叫，向屋顶看去，一只白猫正衔着不知道谁家的钥匙盯着他看。刘风有些无奈地笑笑，吓了那只猫一下，它就“噌”地跳走了。

四

“哎呀，刘警官，这酒鬼杨死了就是他生前造的孽啊。”蒋婆婆说到酒鬼杨，就一副嫌恶的表情，“你瞧瞧他家的那个孩子。流光！过来一下，叔叔招呼你呢。”

刘风打量着这个从屋子里走出来的孩子，跟他的妈妈有些相像，长得很干净，穿着一尘不染的衬衫。

“警官你瞧瞧，这手臂上的乌青全都是那个狗生打的。”蒋婆婆拉过流光的手，把他的衬衫袖子挽起来，果然布满了青一块紫一块的伤痕，刘风看得有些揪心，轻声问他：“痛不痛？”

流光有些难堪地把手缩回去，好像犯了什么错一样埋下头说：“不痛，不要碰就不会痛了。”

“警官你说说，这种人死了我还要烧灶香感谢菩萨呢，他死的那天我还听到了黑白无常拖着铁链的脚步声，肯定是阎王爷索命来了，还有他喝酒欠了一屁股债，现在镇里的那些酒铺都在向流光妈讨债，她一个女人，不会干什么活的，怎么是好？这种人呀，死了都不让人安生。”蒋婆婆一说起酒鬼杨，就滔滔不绝地吐露他的种种恶行。

刘风觉得问不出什么，就带着流光到了外面一片空旷的草地上。这里长满了各种野草，不怎么高，但极浓密。

“我以前常到这里玩。”刘风摸摸流光的肩膀，他已经长得蛮高，但是很瘦，可能是白的原因，感觉皮肤透明得可以看到骨头。“这种三叶草是可以吃的。”刘风见他不搭话，又俯下身从路边拔了几株纤细的三叶草，用衣服擦了擦，递给流光。

流光伸手接了过去，放进嘴里嚼了嚼，开始有些酸，但后来就变得十分甘甜，整个人都清爽了起来。

“你爸爸死的那天，你……去哪里了？你的邻居说你家没有人。”刘风紧接着问。

“我和妈妈在诊所，她不在我会害怕。”

“那你是什么时候去的诊所？”

“我忘了。”流光抬起头，眼睛里一片迷茫，像是一头受惊的鹿，“叔叔，你在怀疑我吗？”

“我只是在向你询问情况，并没有怀疑你，傻孩子。”刘风笑起来，却越笑越苍凉。

“叔叔你见过斑马吗？”

刘风笑着摇摇头，他这些年在异乡打拼，还真的，一次动物园都没有去过。

“我最喜欢斑马了，”流光笑起来眼睛弯弯的，在蓝天下显得特别亮，“我爸爸带我去大城市里看过，它们特别干净，只有白色和黑色。”

“你是叫陆流光？”刘风有些失神地看着流光，当年他走的时候，这个孩子还被他妈妈抱在手上，眼睛炯炯有神，让人看见就会喜欢上。

说到这个，流光的眼神又暗了下来，点了点头。

“你小时候还尿了我一身，傻孩子。”刘风解开警服领口的两颗纽扣，望着蓝得看不见底的天空，长长地吐了口气。

五

“廖女士，您醒了。”刘风带着工作时一贯冷静的语气问道。眼前的女人憔悴不堪，一头黑发也变得枯燥。她见到刘风，原本干涸的双眼，就像是戈壁上新开的油井，眼泪马上涌了出来。

“警官，我求您，”她声泪俱下，“我实在是没有办法了，那些讨债的人，一直逼我还钱，我连杨豪都没有钱安葬。”

刘风赶紧上前扶住跪倒在地上号啕的女人，整个警院都回荡着女人撕心裂肺的哭声。

流光听见母亲的哭声，奋力地拍着审讯室的铁门，但随即被警察拦了下来。“刘叔叔！你们做什么？！放开我！”流光说着说着，也大哭起来，“妈！你别怕！”

“廖女士，您冷静一下，你们的情况我会向上级政府反映的，杨豪先生的丧事我们也会帮你先出钱安排，只是现在，杨豪先生的案子还没有结，我们怀疑，杨豪真的不是意外死亡，请您配合调查。”刘风坐回椅子上，尽量保持着大脑的清醒，但事实上，他现在脸部的肌肉也微微抖动着。

“是我要求立案侦查的，警官。”女人用手帕擦干眼泪，沙哑着嗓子说，“很抱歉给你们带来的麻烦，是我的错，但请你们不用继续往下查了，杨豪真的是自己摔死的，他摔下来的时候，我和流光都在诊所里。我们从前一天晚上被他打晕过去之后就一直待在那里。我只是没有办法了，如果外面不来人，我们会被逼死的。”

六

猫！

刘风猛地坐起身，一道白影像闪电一样从窗口一闪而过，他跑到窗口看时，已经没了踪影，只是放在桌子上的旅店钥匙不翼而飞了。

于是刘风回到床上，穿上了便服和衣睡下，他的右眼跳得厉害。没过一会儿，房间的锁轻轻地打开了。夜，黑得厉害。

刘风的神经马上紧绷到了极点，他看见墙壁上，有一束扁长的光反射在上面。

刀！

刘风霍地起身，只看见了一个胖胖的身影，那人惊觉被发现，便落荒而逃。刘风像一只敏捷的猎豹拔足便追，跑出旅店的时候只看见那个人影消失在巷口。

竟然跑得这样快，连他都没追上。

刘风跑到巷口，刚下过雨的土地陷下去一个很深的坑，他发现刚才那个人的脚印留在了上面。

刘风蹲下身来，在惨白的灯光下仔细地看这个脚印，并且从身上拿出工具把脚印取了出来。这是一双鳄鱼牌皮鞋。

镇上唯一的鳄鱼牌皮鞋——属于镇长。

七

第二天一大早，刘风就带着警察来到了镇长家里。

“我昨天晚上哪儿都没有去。”当刘风问起的时候，镇长矢口否认了。刘风将他带到了昨天黑影消失的那个巷口，镇长错愕地看着他，抖着脸上的肥肉，说：“这，这不可能！”

刘风却突然沉默了，蹲下身来。这脚印不对劲。

“不对，快带我们去找那双鳄鱼牌的皮鞋。”刘风站起来，对急得满脸涨红的镇长说。

八

天已经大亮，世界都是耀眼的白色，镇上的市集也已经散去，刘风望着这些来来往往的人。

这究竟，是一个怎样的世界呢？

“刘警官，您要找的人都已经到齐了。”一个警官跑过来，打断了刘风的思考。刘风走到审讯厅里，里面坐着所有的证人和嫌疑人，顿时显得有些拥挤。

一个酒鬼失足死亡的案件，竟会涉及这么多的人。

和风酒馆的李老板、杨家巷的蒋婆婆、杨豪的妻子和儿子、和风镇的镇长。

“廖女士，您向我们隐藏了您儿子当晚的行踪，”刘风冷冷地开口，“他在案发当晚十一时左右，并没有在诊所里，而是，在李老板的酒馆。”

“没错，当晚酒鬼杨喝得酩酊大醉，陆流光来我店里将他领了回去。”李老板紧张得有些颤抖，指着流光说。

坐在角落里的流光没有什么表情，看着灰白的墙壁，眼皮轻轻地跳动着。

“这是在路边拾到的一枚铁钉，酒鬼杨的裤脚上也有一道划痕。案发当晚，蒋婆婆说她听到黑白无常的脚步声，”刘风接着拿出一枚有些锈斑的铁钉，放在桌上，冷峻地说，“这根本不是什么无常的脚步声，而是把钉子敲进水泥栏杆里的声音。从二楼摔下来，如果不是头着地的话，是死不了人的，于是凶手，将他的裤脚钉在了天台的栏杆上。”

刘风又拿出了那个脚印的照片，放在流光的面前，眼睛盯着流光黑白分明的双眼，说：“后来我故意将你妈妈暂扣在警院，于是你开始慌了，你以为我们要将罪名套在你妈妈身上，所以你在9月6日晚上偷偷潜入我的房间，想要杀我，可惜，我当时醒着。”

“叔叔，你没有确切的证据，怎么可以这样诬陷我呢？”流光睁大双眼，显得无辜而惊恐，“这根本不是我的脚印啊！”

“你很聪明，流光，”刘风严肃地说，“你早就想要陷害镇长，所以你偷来了你爸爸的鞋子和衣服，而且你先穿了一件厚厚的羽绒服，再穿上你爸的大衣，这样会显得整个人十分臃肿。可是，你忽略了一个问题，这个鞋印比我的鞋印还浅，如果按照镇长的体形，那么这个鞋印该深得多。如果我没有猜错，那只衔钥匙的猫，也是你养的。”

“不！这不可能！”女人惊恐地尖叫起来，“不可能是这样！你别血口喷人！那只猫是我养的，不关流光的事。”

可是流光却突然笑起来，他雪白的面具被撕破了。

现场陷入了一阵诡异的沉默。

许久，流光用微颤的声音说道：“叔叔，我真的没想到，没想到你这么聪明。

你猜对了，我是想杀你，你和那些人都一样！黑白颠倒！”

“你杀了人！”刘风冷着脸反驳。

“他不是人！每天都打我，像他这样猪狗一样的东西，也敢打我！他还打我妈妈，那天他把我妈妈推到了墙上，我妈就晕过去了。他是坏蛋！”流光像一只发怒的白猫，青筋暴了起来，想要扑上来狠狠地撕咬刘风，但他被拦了下来，原本像小鹿一样的双眼汹涌着恨意，“我是杀了他，那天我把他放在天台上，他喝醉了总会滚下床去，那天他也滚了下去。要不是你，没有人会怀疑的！”

“啪！”突然，疯狂的流光顿时安静了，空气中回荡着响亮的巴掌声。流光捂着脸，呆了一会儿，才哽咽着喊：“妈……”

女人彻底瘫了下去，痛苦地呜咽：“流光，你怎么变成了这样的人？”

九

刘风把陆流光带走的那天，那个孩子一直看着车窗外没有说话，他从真相大白的那天起，就不再说话了。

“只有动物看到的世界，才是黑白的。”刘风坐在他身边，淡淡地说，“那些牛、马、羊都是色盲，所以只活在黑白世界里。而人类的世界里，除了黑与白之外，还有很多很多别的颜色，人世间的是与非，本来就不是绝对的。”

“你知道斑马为什么长成黑白的吗？”听到刘风说起斑马，流光原先一直呆滞的眼神才动了动。刘风叹了口气，靠到坐垫上说，“因为它们的天敌看见黑白相间的东西会眼花，就看不见它们了。”

流光微微笑起来，眼里波澜不惊，他对着车窗外喃喃：“我们都是斑马。”

“我长大了。”流光望着车窗外面五彩斑斓的世界，大风吹过峡谷，把他的衣服吹得像个白气球。

这个世界，从来就不止黑和白两种颜色。

两颗子弹

文/马　骁

马骁，男，山东省实验中学高二学生。第十八届全国新概念作文大赛一等奖获得者。

它只被打断了一条腿，正喘着粗气，少见的雪白毛发让它看起来很优雅，腿上的鲜血像一朵红色的小花，在白茫茫的雪地里绽放，凝固，定格。

到了冬天，山里也就羚羊值钱了。

羚羊这种只能无奈扬扬蹄子的无辜生物自然成了偷猎者的目标。羊角羊毛羊脚筋，哪一样都能卖个好价钱。狼的皮毛虽然也不错，但这种生性嗜血的暴君，还是不要招惹的好。

我跟随父亲和一些他的朋友来这里偷猎，冬天的羚羊都躲在山里避冬，我们走到晚上才在一个山洞里扎了营。父亲派一个中年男子值夜，其他人休息。

刚入睡不久，我就被地面的震动惊醒了。我趴在地上，像是杂乱的蹄声，应该是同一种动物，冬天还有这样的数量，应该是羚羊。我激动地对同样被惊醒的父亲说："爹！羊！我们快去抓羊！"父亲却淡然："不要着急，我们刚来，还要摸清再动手，睡吧。"说完安排了一下值夜交接班便睡了。我很沮丧但旋即一想，撒了个谎："爹，我去解手。"说完往外溜了。

我对值夜的中年男人说："刘叔，我爹让你去休息，我先去解手。""嗯，山里晚上不平静，老实点儿。"刘叔不忘提醒一句。"是是是。"我满口答应着，心里却惦记着我藏在门口的猎枪和那杂乱的蹄声。

刘叔走后，我摸出猎枪，藏在积雪下使得它十分冰冷。我把它塞在怀里，它可不能在关键时刻哑火。刺骨的寒冷和冰凉的金属感让我清醒了一些：真的要自己去吗？我刚成年，也是第一次进山，但我又想到，如果我自己抓了一只羚羊，那多风光啊！

我既然敢自己出来自然有所依仗：我学过很多野外知识。我趴在地上，大致听出了羊群移动的方向，我埋伏在羊群大致经过的地方，上好枪膛。不多时，不趴在地上也能听到蹄声了，我努力握紧枪，内心却很激动。半袋烟的工夫，羊群从森林旁的雪地飞奔而过。我大喜：这么密集，即便我的枪法不准，也总能打到一只吧！

我急不可待地一枪打出，"砰"，一只羚羊应声倒地，看它螺旋的短角，应该是只母羊。羊群更加骚乱，向前奔去。我并没有贪心，因为这枪一次只能打一下，再装弹要好几秒，羊群早就没影了。但前面的一只公羊——看它竖直向上的长角是一只公羊，回过头来用头撑着那只受伤母羊的脖子，想把它扶起来，但子弹打在了那只母羊的前腿上，它根本无力站起。

我怎么能放弃自己的战利品呢？我冲上去一枪杆打在公羊的背上，它哀号一声仓皇而逃。现在我才有时间观摩一下我的战利品：它只被打断了一条腿，正喘着粗气，少见的雪白毛发让它看起来很优雅，腿上的鲜血像一朵红色的小花，在白茫茫的雪地里绽放，凝固，定格。这样美丽的生物，如果不是为了利益，我真的不忍杀它。

我放出一颗信号弹，父亲看见了一定会来的。我可不想自己把这四百多斤重的东西搬回去，我坐在雪地上，背靠着那只羚羊，倚了上去。天上开始下起了小雪，那只羊扭过头来看我，我没敢与它对视。毕竟是第一次杀那么大的东西。这时，旁边窸窣作响，可我记得我们住的那个山洞不在那个方向，正纳闷，看见树林深处逐渐靠近的绿光，我忽然明白：是狼。

从树林中蹿出七八匹狼，绿幽幽的眼睛盯着我，还有我身边那只和我一样惶恐的羚羊。我赶紧往后退，但并没有跑，因为跑是肯定跑不过狼的，还会让它们看出你的恐惧。在我退离那只羚羊后，那群狼一扑而上，那可怜的羚羊连惨叫都没来得及发出就被咬断了喉咙。鲜血瞬间洇开，为雪地增添了凄凉的美。

我已无心心痛我的战利品尽入狼腹，我端起枪指着那匹吃得最欢的狼，它大概两三岁，和我一样，刚成年。突然，我想起刚刚因为激动，一直没有上子弹，我赶紧上好。一抬头，却看见那匹年轻的狼已经扑了上来，只在我面前一米了。我匆忙扣动扳机，子弹瞬间穿透了它的身体，由于它靠得太近了，强大的冲击力把它震回了狼群，其他狼先是一怔，旋即蜂拥而去，撕咬它的尸体。

狼这种动物很奇怪：如果一匹狼受了伤，那么其他狼会悉心照顾它，替它捕食，派狼保护它；但如果它死了，狼群会毫不犹豫地吃掉同伴的尸体，像对待猎物一样，没有区别，眼前这一幕也是这样。

但我观察到有一匹狼不一样：那大概是一只七八岁的母狼，正值中年。它死死守护住那匹狼的尸体，满身伤痕，但还是寡不敌众，倒在一旁，而身下的尸体也被撕噬殆尽，最多一刻钟，雪地上多了两具森森白骨，令我胆寒，手中的枪握得更紧了。

突然，我与狼群中间的雪地疯狂燃烧起来——是燃烧弹！我回头，是父亲和刘叔！“爹！”我飞奔上车，刘叔一脚油门，飞速离开了。此时已经漫天大雪，不怕狼群根据气味追上来。路上父亲并没有训斥我，而我的心情十分沉重，我依然觉得心慌——我想回去再看看。

天亮后，我和父亲再次回到那块雪地。那被鲜血和燃烧弹摧残的土地，再度被茫茫白雪覆盖，只有两具被大雪覆盖的骸骨和那匹奄奄一息的母狼印证着昨晚的一切。那匹中年母狼的身上已落了一层薄薄的雪，它已无力将雪抖下。透过雪可以看到它身上的伤口已经结了一层薄薄的痂。

它察觉到了我的接近，艰难地抬起头，浑浊的绿色双眼似乎恢复了些许清明。它认出了我——或者说认出了我手中的猎枪，似乎向我询问能否把那支枪留下。我望向父亲，征求他的意见，父亲抽了一口旱烟，想了想说：“干这行做了不少亏心事，就满足它的愿望吧。人之将死，其言也善，狼，也一样啊。”

我把枪放在它的面前，它颤颤巍巍地努力站起，抖落身上的积雪，用嘴叼起猎枪，插在那白色坟墓的前面。它怔怔地望着坟墓，怔怔地望着那杆猎枪，似乎望穿了雪下覆盖的遗骨，似乎望穿了那把猎枪的黑心。而我们，悄悄退去了。

接下来的日子，我并没有跟随父亲他们去偷猎，而是默默地待在山洞里，这样的日子持续了五天。而再过两天就要封山了，我们必须在封山前出去。我想再去看看，跟它们做一个道别。

深冬时的山路更加难走，漫过膝盖的积雪实在寒冷刺骨，荒芜的树梢上只有几只乌鸦和猫头鹰，在听到我的踩雪声后怪叫着飞走了。这种昭示着死亡的鸟类在农村的口碑很不好，但现在我已无暇去思考这些了，因为在那片茫茫雪地之上，有四座微微凸起的白色坟墓。

我失神地走过去，心里盘算着多出的一个会是谁，是流落至此的倒霉野兽，还是偷猎者遗弃的独眼猎犬？我渐渐走近，当我看见那从坟墓中伸出的修长羊角时，我想我明白了它的身份。不禁感叹：我的两颗子弹结束了四个本该幸福的生命。而那罪魁祸首，还插在那里，它宽大的枪身上落满了积雪，为这肃杀的严冬，也为这四个灵魂竖起了一座雪白的墓碑。

你还想我的赠品。

我能献你什么呢？

无已，则仍是黑暗和虚空而已。

但是，我愿意只是黑暗，

或者会消失于你的白天；

我愿意只是虚空，决不占你的心地。

——鲁迅

5
替生

文 / 罗双奇

刻舟

罗双奇，男，喜欢打球。敌视现实，虚构远方，东张西望，一无所长。目前就读于大河中学。第十八届全国新概念作文大赛二等奖获得者。

时间像泛滥的江水覆盖一切。回忆呈现出一种飘忽的姿态，像行走在迷宫里的鬼魂，于无知无觉间分离出无数个分身去，把所有歧途都经历一遍，本身却越发稀薄，在即将接近真相时泯灭。

我要去一个地方，除此之外我一无所知。

但当前路大大方方绵延开去，在蓝色晨光中显得柔软散漫，又因辽远而散发出诱人芬芳。我的脚步就再无一点儿犹豫，如踏上一条初生的蓝色河流，向前蹚去。

在这么一条纯粹的，无所谓官道野径，也无甚怡人风景的路上，行走似乎是唯一相宜的事。但我东瞧西瞧，摇头晃脑，却又丝毫不觉有何不妥。腰间生了锈的铁剑一下一下拍打着我，传来轻快的节奏。这节奏使我着迷。我感到一股快乐从我足底涌起，游遍全身，使我微微战栗。我意识到一件事——我是一个被自己放逐的人了。

走上山冈，头顶天空平滑，灰白无日月星辰。远远望见路边草甸微微下陷，待走近才看清，一个满脸露水的人，只手遮眼，另一只手横置脑后，嘴里有歌谣袅袅而起如炊烟。

歌词是辨不分明的，却分明可以听见许多。

竹林石阶青苔遍覆，云深处有人家，溪畔浣纱妇，江水染了渔火流向古镇，春潮带雨，野渡舟自横，潮声里满川的风雨，林中雾气野马，夏有初荷立池塘，柳下卖瓜人家，秋水西流去，寒蝉凄切，一襟晚照，冬雾寒山冷树……

我张嘴而无言，话语此刻尤其多余。我躺倒在草甸上，映目一片苍冷若结霜的天空，仿佛真的有炊烟扶风起。

再睁眼时，身边空无一人。空气里再无歌谣干燥的味道，冷风把一切都吹散无痕。另一个羁旅之人，以那么一种突兀的方式与我相见，如此杳杳远逝也算合乎情理。拍拍屁股上的草屑，起身望去，路的前方还是路。

突然地，我就闯入这么一片山谷，一脚踏入雾中，回首时来路已失。我从未想过白色也能如此浓淡咸宜。于是隐约浮现的其他颜色都是冒昧，连脚步声都像在打扰一场长眠。

但如此行走久了，也实在是让人眼睛酸涩，心头烦闷。前方突然响起的水声就显得格外悦耳，如鸣佩环，心甚乐之。我走过去洗了把脸，又捧一捧溪水漱口。一尾红鲤在水汽弥漫的溪里倏地远逝。

身后忽然响起摔碎瓷器般的叫喊。

我转头，看见一条修长身形从白雾里挣脱。他眉似卧蚕，眸若星辰，唇如莲瓣，齿成皓玉。如果只是如此那可赞一声玉树临风。可他一个鼻子偏偏生得不解风情，塌得毫无回转的余地，像有人用铁剑拍了个实在，雀斑如几点铁锈难除。他站定，笑吟吟地等待我热情的回应。我双手抱拳，身子略弯，客客气气施礼。

他慨叹道："咱两兄弟不见，有二十来年了吧。"

我一愣。他却径自搂抱住我肩膀，不避亲昵，缘溪行去。

他自称我俩是打小一块吐过口水、尿过泥巴、偷过鸡摸过狗的好友，想来先前直呼我名，我也就十分信了八九分。但我实在是一点儿记不起他了。

顾往说道："你来都不写封信知会知会，我也好安排。今日正是一年一度的花节，江上花船彩舫，美不胜收啊！"

我正感慨于自己的健忘，他没来由地话头一转，喋喋不休起来。

"我啊，有时不知怎的，一闭眼，眼前就生出参天巨木，树上有十万片叶子。譬如那片叶子上，一条河流宽广清澈，从我们面前流过。那是夏天，我和你浮在水上，脑袋瓜子像两只黑漆葫芦。我们的身体却瘦而白，活像白花花的蛇肉。我们逆流而上，看见岸边有斑斓蛇蜕。

"这片叶子上，我们脚下是春雨后渐次生长的野花，鹅黄嫩绿粉蓝，稻田里有水鸟白翼低垂，相互依偎。而你脸上也因春寒生出杜鹃花，就像个小姑娘……"

"我又看见那只雪地里的猫了，"他眉毛一挑，音调升高，"那只瞎了眼的猫就那样躺在雪地里，眼珠子被人挖了去，却不叫也不号。伤口处还冒着腾腾热气，否则我们当时还真看不出来是个活物——到底后来是死了，抱它回去的半道上，就那么不声不响的，雪下得跟不要钱的脂粉一样。埋它的那处桃花树，第二天桃花就都落了。"

我打断他精雕细琢、栩栩如生的回忆，问："桃花冬天还开着？"

他睁开眼睛，似有不悦。但又马上满怀期待地问我有没有相同的感受，我试了试，眼前黑暗深重，一片焦土。

他还要接着讲，我再次打断他，带了一丝我都未曾觉察的妒恨。

“这有什么用呢？”

他讶然望向我，像是我在说，手脚有什么用呢，吃饭喝水有什么用呢，这一颗大好头颅搁在颈子上，有什么用呢。

我说道：“你说的这些，我都记不得了。我连昨天吃了什么，见过什么，全都忘得一干二净。遗忘本就是与生俱来的天赋。你要把那么久远的事记得一清二楚，相必也是精疲力竭的吧，说到底它们都是早该入土为安的东西。”

他等我说完，脸上又露出那种仿佛戏子的无暇笑意：“怎么，不准我怀念怀念童年？”

我意识到自己的失态，就只好低头走路。他走了几步却又回头，眉发间都凝了雾气，恍如白头。“真的什么都不记得了？”

“是啊。”我说。

“你以前可不是这样的。”

“我以前是什么样？”

“你以前啊，简单却善变，孤独而脆弱，复杂而讨厌，有时天真有时阴险，喜好争夺偶尔埋怨，敏感懦弱，倔强固执，辉煌时得意，暗淡时伤感，你矛盾而虚伪，幸福而痛苦。

“可是我不一样，我闭上眼睛，除了那株树再无他枝可栖，除了回忆再无遮蔽。遗忘也是命中注定的痛苦。如果不紧紧抱住时间的灰烬，那么每一天重新升起的太阳会杀死昨天的我，用的是温暖的光，而相对于明天的太阳我已经死去。看看你，一干二净得连一粒灰尘都没有！”

我沉默。到底是谁都没法说服除自己之外的任何人。而自己，也是从对现状的无可奈何，转而捍卫这种无可奈何。

“那么，你是不打算回去了？”

“啊？”我不明白。

顾往忽然掩面痛哭起来，哭声极尽哀愁，从指缝间流泻出混浊的悲伤。我怎么劝都不济事。我有些恼了，斥道：“大男人家的，哭什么啊！”

他撸起袖子擦眼泪，怎么擦也擦不干。先一擦，眉毛没了，再一擦，眼睛没了，最后一擦，嘴巴没了，只剩下孤零零的鼻子一个。顾往，我陌生的老友顾往，抬起他那张五彩大蟒游曳过般的花了妆的脸，用皮肤“嗡鸣”道：“回不去了。”

我转头而视，来路已失于雾中。

眼前楼船雕梁画栋，士子们摇着羽扇，女子皆浓妆艳抹。人群往来，玉带当风，青丝蒙络摇缀。楼船外大江如浓汤，青山隐隐水也迢迢。方才上了花船，顾往忙着去跟人应承寒暄，把我晾在这儿。我竟是睡过去了，梦里白雾弥漫，其余事都记不得了。这一路上见的人都没今天多。我睁开眼，女子往来如鱼，我一下子明白了顾往所言的“美不胜收”，大赞道：“古人诚不我欺也！”周遭投来鄙薄的目光，都远远离了我这满身风尘的登徒子，顾往不知从哪儿冒出来拍拍我肩膀：“怎样，这趟不亏吧？话说那句妙言是哪位古人说的？真是妙极妙极。”

花船上供人耍的玩意儿不少，都是些我叫不出名字的稀奇把式，顾往带着我玩了个八九不离十。意兴阑珊时，人群中惊出一声叫喊：“看，出来了！”顷刻间人们拥作一团在画楼下。“让让啊，开水啊！”顾往拉着我就往里挤，挤进去才看清，二楼处有一女子背对人群，霞裙月披，好似轻云之蔽月，流风之回雪，美得紧。明明双脚触着地，却不似活在人间。

她裙裾的影子投在我仰起的脸上，这张脸接住一片阴影好似承接住一片灰色的雨露，雨露打湿心底每一寸沃土。溪水渐涨，桃花在开。我跌进心底涌出的桃花流水，而身畔的剑也微振动欢鸣，仿佛在等待一场花前月下，仗剑天涯。

顾往啧啧作叹：“美人如花隔云端啊。”

美人翩翩然转身，对我温婉一笑。扯动清美的眼角，也扯落几丝粉白胭脂，飘飘然撒在我脸上，是桃花的香味。她的笑容越发浓艳欲滴，脂粉脱落若初雪，露出初雪消融后红泥般的血肉。

她浑然不知，只是静静笑着，笑意盈盈，眼波流转，红袖摇曳。

人群中不知是谁放出第一只尖叫的鸟儿，顷刻间便已遮天蔽日。青衣的公子、素衣的姑娘的脸上都落了一层薄雪，只露出滴溜溜的眼球，里面用红线织满血丝。

我扒开人群，跪在栏杆边疯狂地搓洗我的脸，直欲把面皮卸落。忽然腰侧一轻。

铁剑从我腰间滑落入水，晕染开乌黑的血迹，像一尾红鲤，不做片刻停留地逃离了我。割开江面，割开江面映出的脸，在白晃晃的日光下，溅起银鳞般的水花。

真好看。

我回过头去，“我”还站在原地，脸上像是有无数朵桃花盛开又凋零，每一朵都是一种情绪。

相思

怀念

愤怒

怨毒

悔恨

懊恼

自卑

不安

释然

无法释然

痛苦

再无痛苦

……

哭昏过去之前，我只来得及摸了摸我的鼻子。

我腾地坐起身，寂静的水声包覆上来，轻舟离岸已极远，两岸青山都已化作一条青翠绸带。遥遥可见江上一些渔船采撷了头顶燃烧的晚霞一缕，渔火已起。

声后响起沙哑怪异的歌：

篙莫丢啊，丢了不好涉江流，
剑莫丢啊，丢了不好割人头。
炊烟起，水蛇游，河边一头老黄牛，
桃花落，游子走，山重水复霜满头，
寒鸦渡，月下山，拾起骨头做火把，
归来兮，归来兮，他乡不可以久居……

我问："是谁作的歌？"

"我自个儿。"

"好听。"

船夫咧开老唇，嘿嘿一笑："相公你可算醒了，要我说相公您啊就是根骨奇佳，连晕船都晕得比常人久得多啊，天色已晚，不若今夜就在我这破船上歇息吧。"

默然应允后，我捧住欲裂的头颅，眼前又闪出一尾红鲤。这之前所发生过的一切最后只剩下透明的轮廓和空荡的名词，具体经过结果我一概不知。总是如此，似乎大段的路途将一切都冲淡了。时间像泛滥的江水覆盖一切，回忆呈现出一种飘忽的姿态，像行走在迷宫里的鬼魂，于无知无觉间分离出无数个分身去，把所有歧途都经历一遍，本身却越发稀薄。在即将接近真相时泯灭。

我要去一个地方，其他一切我都一无所知。我恍然发觉这里面所包含的残酷了。方向是长路漫漫的唯一慰藉。可我现在，举目四顾，无数的方向，无数的可能性包围住我。路途呈圆状散开，我站在这可能性的起点，随时可能崩塌的驻足点。我连我的存在都一无所知，再忆不起从前，也看不清前路。

恍惚间还有人在我耳边唱起炊烟般的歌，我竭力去听却听不清，只听见哗哗水声像有人抽着水烟筒。船夫唱着：“桃花落，游子走，山重水复霜满头，寒鸦渡，月下山，拾起骨头做火把……”

然后孤独悲怆一股脑儿就找上我来，围着我唱歌呀跳舞呀，庆祝又有一个家伙成了它们的俘虏，好不快活。

原来孤独本身是幸福的。

一轮凉月又高悬。

湿漉漉的月华浇在我身上，面前火盆上架烤着几条江鱼儿，“嗞嗞”冒油。船夫把烤好的递给我，自己也吃起来。他吃得全然不顾炙烫，油沫子在胡子上作响。是很用心地在对待食物。吃罢，小舟被泊在江中浅滩。乱蓬蓬的苇草扬着雪白芦花，和小舟一起随波摇荡。

船夫从舱里拎了老酒，望着天上明月照大江，长长叹了一口气，他开口：

“我在这江上，漂了不知多少年月了。

“不怕你笑话，我连岸都没上过哩。什么柴米油盐酱醋茶，与坐船的商贾换换就来了。说实在的，没什么事是非得上岸不可的。

“我在这船上见了许多人，贫苦难民、落魄书生、赳赳武夫、得志官人。我送他们去对岸时他们总会说，岸上啊五步一楼十步一阁，大葱似海肉饼似山。街上珠翠罗绮溢目，车马塞途。有富人身穿金丝织造的衣裳，坐八抬大轿子，轿子里面有妇人，头上珍珠射白光，身上玉珏叮当响。

“可我们这摆渡人啊，谁要过江我们都得载他过。如果没人来撑这篙，南来的人不能过，北去的马不能往，相爱的隔了十里江水不能相亲，相恨的隔了万顷碧波不能抒愁。那可不乱了套！

“可我年轻时，想上岸看看想得发疯。我爹就这么次次都给我说。有一晚大好的月亮把江面照得亮堂堂的，就像今晚一样。我偷偷泅到上游，想上岸看看。

“我游到岸边，只见到朝霞开得华美无上。火烧云下，生着一大片桃花林。桃花掩映下有一女子，衣云裳，佩长剑，背着我在舞剑。走的是绚丽至极的偏锋，不重杀伐重清灵。红菱缠手，尾端系剑，衣袂飘飘，刹那满林桃花纷纷落。”

讲到这儿他咂咂嘴，江风吹乱枯发。

“后来呢？”

“相公你啊，德行！后来我见她舞毕，朝江边走来。我赶忙扎回水里，百里江路眨眼便到，你说快不快？”

“重点是这个吗，啊？！”我夺过酒碗一饮而尽，笑骂道，“船家你原来是个㞞蛋啊！”

“相公，你想啊，我这从江里爬出个赤条条的汉子，冷不丁的，还不把人家姑娘吓得掩面而逃？说不定跌一跤，摔个俏脸着地平沙落雁式。”

“好像也有点儿道理。哎，你再拿个碗喝，别抢我的！”

我们饮酒如饮火，相对坐大笑。沉默良久，他看着江心明月说：

“其实那时候我该问问她名字再走。是吧？游到上游费了我老大劲了，结果什么都没见着，就只见着这一个人，可是连话都没说上一句我就落荒而逃了，我自个儿都嫌弃我呢。她是多么美啊，比我前二十年和这后四十年所见过的所有姑娘加起来都美，如果要把她画下来，那该画在水上。我当时就他娘的该笑嘻嘻地钻出水面，对她说，姑娘，你长得怎么那么像我未来媳妇儿啊。这时她肯定会刺我一剑，但我不会怪她。那一剑该是温热的，柔软的，滑腻的。这四十年来我每天都想着回去，可回哪儿去呢？那片桃花林？可那花落的一瞬是回不去的，时间也不是一条可以溯流而上的河流。撑了一辈子的船，到老了，才发现，最难渡过的河是自己。许多人在对上一刻的追思中度过这一刻，又用下一刻来追念这一刻，在回首的姿态里虚度一生，后悔一切，唯独对这后悔的姿态不后悔。”

“真是好有道理。”我醉态讪讪，击掌赞叹。船夫白了我一眼。我说，“你看我多好，只知道要去一个地方，却不知道那到底是什么鸟地方，见着山就翻山，见着河就渡，其他一概不用理。嗯，是吧？这多好。”

“那该是一个很美的地方。”他略微失神。

“这谁说得准。”

芦苇被水波摇来晃去，发出一种带有魔力的声响，这声响使一个醉酒的人，仿佛看清了一些事，想明白了一些前因后果，心里涌出一些酸涩的哀愁。

我说：“船家，你这酒不地道啊，喝到嘴里酸酸的一股怪味。”

“哪能啊，我这可是地道的桃花酒。”

“就你这酒能叫地道？说不定是换酒给你的人欺你没上岸喝过酒吧！我娘做的桃花酒，那才叫地道。”

我突然像触着锋利的边缘，语言被戛然割断，却又触到不知是谁刻在这船上的刻痕，用粗糙的质感安抚我的心惊胆战。从刻痕里涌出言语，借我之口重见天日：“我娘不光酒酿得好，那舞剑可更是一绝，她可是曾给皇帝老儿舞过剑的剑魁。有一句诗是怎么说来着，一舞剑器动四方，天地为之久低昂。这都是隔壁杜老头告诉我的，我娘从来不给我讲这些，我一说起剑啊之类的她就生气，3 天 5 天不理我。一次我趁她不在，跑到她房间里去，从黄花梨剑匣里偷出一把生了锈的剑，拿着跑到村上耀武扬威了好一会儿，正好给我娘撞见，她二话不说夺过剑，一剑拍扁了我的鼻子。她看着我满脸鲜血地倒下去，眼泪这才流出来，全都落在我脸上，都是她廉价桃花胭脂的味道。我爹死后，村里妇人说她是个断掌女人，是硬生生把我爹克死的，就少有人来买她酿的桃花酒了。后来把那剑匣卖了日子好过了一年半载，那锈剑也就我当个宝了，拿出去根本没人要。在天气暖和时日子还不算难过，在大冬天里，她给人家洗最脏最厚的衣裳来赚十几文钱，买两个我爱吃的燕儿粑粑给我。路上怕饼冷了，就把饼放胸脯里捂着，每次我吃着热腾腾的饼，总好奇她胸口一抹嫣红。后来她也死了，死的时候早就买不起胭脂了。头发就像她身上洗掉了色的麻布，一张素脸在冬天里干枯龟裂，露出血肉就像我家后面桃花林的红泥。我埋她的时候，往她脸上抹了厚厚一层偷来的桃花胭脂。那天的雪特别大，桃花林里的桃花都落尽了。”

船夫眨眨没了睫毛的眼睛，露出惨淡的微笑。

“桃花怎么在冬天才落？你尽他娘的瞎编。不能喝就少喝点儿，别糟蹋我这酒！早点儿歇息吧你就，明天还得赶路呢。”

他望望江心破碎的明月，把渔火熄了。

天还没亮我就从船舱里醒来。船停靠在岸边卵石垒成的简陋渡口，船夫早已不见踪影。我上岸走了几步又回头，把系在锚柱上的绳子解了。过了很长很长时间，船才漂到江心，在浅滩处略作停留，直到下一波大浪涌来，才顺江直下，最后遥遥无踪。太阳从船消失的地方浮上来，光芒万丈。我眯起眼，似乎看见船夫溯流而上的画面，他破开江水的臂膀依然呈现年轻有力的古铜色光泽，花白的头发燃烧发出白炽的光芒。这场逆流而上的旅途他已经到达，而我还在路上。

前路在我脚下大大方方绵延开去，在微冷的晨光中映出蓝色的光泽。我的双鬓又添了几笔风霜。嘿，实在是有点儿累了，有点儿不想走了。我躺倒在草甸上，映目天空苍冷若结霜。换了个舒服点儿的姿势，我闭上眼睛轻轻哼起歌谣，渐渐地有温热露水打湿脸庞。

篙莫丢啊，丢了不好涉江流，
剑莫丢啊，丢了不好割人头。
炊烟起，水蛇游，河边一头老黄牛，
桃花落，游子走，山重水复霜满头，
寒鸦渡，月下山，拾起骨头做火把，
归来兮，归来兮，他乡不可以久居，

春风扰扰今又吹，天涯游子归不归？

歌声袅袅升起如炊烟，有人佩剑从远处走到我近前躺下，还是很年少的样子。待他睡去，我拔出他那把锈迹斑斑的剑，如捧起一尾红鲤。红色的雨露浸入焦土，生长出桃树一株，上开十万朵夭夭桃花。这时她就坐在最高的一截桃花枝上，笑着对我说：

“你回来啦。”

风掠过桃树，满树桃花发出“屑屑”声响。

文 / 李一凡

替生

李一凡，女，汉，年 18。无不良嗜好，无违法犯罪记录，热爱祖国热爱党。第十八届全国新概念作文大赛二等奖获得者。

看她敷衍的笑容，伺机已久的名为尴尬的困兽，还是找到了机会悄悄扼住了我的喉咙。

我扒了一大口饭菜，然后望着父母说："我第一次吃到这么好吃的菜，不愧是我陈恒的妈！"我竭力调动每一个幽默细胞，好让我干瘪的话听起来真诚一些，不过看她敷衍的笑容，伺机已久的名为尴尬的困兽，还是找到了机会悄悄扼住了我的喉咙。我挤出一个笑容，"我吃饱了，先去看书啦。""注意休息，别看得太晚。"好一副和谐得如同陌生人的画面。

回房间后，过分刺眼的日光灯让我选择了趴在床上，抬起左手，我细致、缓慢甚至带着几分诡异地看着手上如诅咒般的疤痕在灯光下泛着新肉特有的嫩红色。我闭上了眼。

我叫陈恒，是T大化学系学生，刚经历了一场实验室爆炸，我被轻微烧伤。可我现在一点儿也想不起来关于爆炸的起因经过，医生对此的解释是惊吓过度短暂性失忆，我只想送他一句扯淡。不过这还不是真正让我怀疑的，让我觉得最不对劲的是回家后的一系列事件。

在我出院第一天，我妈在家里偷偷抹泪，甚至目光闪烁不愿直视我，我坐在沙发上，听见我爸在厨房里低声安抚她。多奇怪，明明她该是最欢喜的人。这件小事只拉开了一个序幕。后来，我的烧伤完全好了，想回学校去上课，爸妈却不同意，要我好好休养，并且未征求我的意见就决定给我转学。在我们家曾经的欢笑已不复存在，有的只是些空虚苍白的客套话。父母对我的爱毋庸置疑，可是就好比一个人憋尿憋了半天，别人却以为他是渴到面部抽搐，又给他灌了一大杯水。无法责备那个人的好意，只能自己默默忍受。一种尴尬不正常的气氛在我们家酝酿，每个人都或多或少察觉了些，但是都不约而同地掩饰着，所以才会出现今晚饭桌上那尴尬局面。

我满腹疑惑，恨不得直接问父母个中缘由，但每次刚要开口，他们都能灵敏地察觉并且转移话题。困惑就一点点在我心里沉淀了下来，虽然表面安静，可我知道，只要有一个契机，压抑着的必定爆发。带着七分迷惑两分不安一分恐惧，我昏昏沉沉地堕入梦中。

第二天起床，看着窗外阴沉沉的天，我感到整个脖子都僵硬成了一块老树根，我一边捂着脖子一边吸着凉气走到客厅。我喊："妈，我去一趟诊所，昨晚落枕了，头疼！"母亲神色有些慌张："看着天要下雨了，那就别出门了，我在家里给你用热毛巾敷敷。""没事，我撑伞，这么大个人还怕下个雨啊。"我随口接话。"我说不能出去就是不能出去！你老实在家待着吧！"母亲骤然提高声音，瞳孔蓦地缩小，好似一头发怒的豹子，她转身离开，留下惊愕的我。

这样阴郁的天气使早上看起来更像孤寂的黄昏，我一个人站在偌大的未开灯的客厅里，突然感到一阵寒意从尾椎骨渐渐升腾起，如蛇般滑腻，慢慢蜿蜒而上，越过锁骨，到达我的大脑——母亲为何对我出门这件事反应如此激烈？她为何要阻止我出门？她在掩饰些什么？又在为什么而惊慌？

我的后背被突如其来的冷汗濡湿，一阵风吹过，刺得我每个毛孔都在挣扎着叫嚣："他们一定对我隐瞒了某些东西，但是——那又会是什么呢？"对未知的恐惧鞭笞着我，驱赶着我去查探个究竟。

一整个上午，我都表现得随意如常，母亲松了一口气，慈祥地对我说："儿子，这两天把东西收拾收拾，咱们搬家，学校已经帮你联系好了。""好啊，我也想换个新环境了。"我不动声色地应答，心里却波涛起伏，"这么迫不及待要搬家，难不成是被追杀了？"对上父母满意的笑容，我一阵恍惚。

吃罢午饭，我径直回了房间。关上门屏住呼吸，侧耳听着外面的响动，听到父母回房的脚步声后，我蹑手蹑脚地溜出家门。

午时，家门口的巷子里空荡荡的，零星可以听到狗吠。我漫无目的地在巷子里行走。

前面的拐角处突然传来脚步声，定睛一看，原来是我的邻居宋大伯，我打了个招呼："宋大伯，大中午的还不回家呢？"宋大伯很是吃惊，迟疑地开口："你……谁？""我陈恒啊，您不会还没到五十就开始健忘了吧？"我打趣道。可他丝毫未体会到我的幽默感，猛地后退一步："你是他的朋友吧，陈恒他都死了，你还来开这种玩笑！”看着宋大伯严肃中带着愤怒的神情，一块巨石轰然砸在我的脑袋上。“真不像话，真不像话！”宋大伯摇着头走远了。

太阳哑哑地散发着热量，如此灼目刺眼。我跌跌撞撞走到巷边扶着墙壁开始干呕，耳边开始“嗡嗡”地响，一阵一阵，如波涛般冲刷、席卷着我的大脑。我大口地吸气，觉得自己陷入了一个迷宫，我想走出去了解真相，可是我越努力去探索发掘，就陷得越深……

情绪渐渐平复下来，我抬头想问宋大伯个究竟，却发现巷子已空无一人，转念一想：“刚刚经过那一遭，想从宋大伯那里问点儿什么出来几乎是不可能的，他还说不定会告诉爸妈，当务之急是搞清楚为什么他说我已经死了。”一个又一个的谜团接踵而至，让我有些措手不及，甚至是方寸大乱。做了几个深呼吸，嘴里念叨着“冷静冷静冷静”，我打算到我曾经的大学T大看看，那里有我许久未见的同学。父母待我虽说有些诡异，但也未说过我不是他们的儿子，然而宋大伯却说我已经死了，我只好再找其他人。

我拦了辆的士，直指T大。

坐在车上，我沉思着，试图将这一切零零碎碎的东西拼在一起，奈何毫无头绪只得作罢。

从家里出门时到踏入校园已有一段时间了，我却依旧如同一只无头苍蝇，这个认知令我懊恼无比。我凭着熟悉的感觉走到一栋实验楼前，门大开着，我自然地踏入。鞋底与光滑的瓷砖碰撞之声在无人的大厅里响起，衬得这里愈发安静。突然，一只手悄悄搭上我的肩头。我每根毛发瞬间倒立了起来，赶忙回头，一个女孩儿正对我怒目而视。“同学！你干吗吓我？”我惊魂未定。女孩儿却直接给了我肩头一拳：“叶之行！你怎么现在才回来？”我瞪大了眼，叶之行是谁？我本想回答说“我是陈恒，这位姑娘你认错人了”，宋大伯的话又在我耳边响起：“陈恒他都死了，你还来开这种玩笑！”我赶忙把到嘴边的话又咽了回去，突然计上心头，于是硬着头皮嗫嚅道：“陈恒……他人呢？”那姑娘原本俏丽的眉眼瞬间黯淡了下来，还可看见眼角流露出的疲惫："你……还不知道吗？陈恒，他已经不在了。"我定定神回答道："我有很多事情忘记了，你是谁，我也不知道。但是我还记得陈恒，你能把他的照片给我看看吗？""你不记得我了啊，我是郑圆相，你的师姐。如果你没失忆，你就会是我下次国际 ×× 大赛的搭档。唉，本来你这届就你和陈恒两个苗子比较好，可是现在……""郑圆相师姐，把陈恒照片给我看下。"我粗暴地打断她，她也没介意，摸出个手机划了几下，把屏幕凑到我的鼻尖上。

虽说已经做好了一定的心理准备，可是真相来临之时还是给了我重重一击——郑圆相师姐给我看的是一张双人照，我与另一个陌生男生比肩站着，看画面中轻松自然的表情，我俩应该是很熟悉的。然而我的记忆中却没有他的痕迹，不过，最关键的一点——他长得如此像我的"爸妈"。那熟悉的眉梢、眼角、笑容，无一不印证了他才是陈恒，我目前父母的儿子。

惶恐蚕食着我的理智与情感，于是我的声带发出声音，可是我的大脑却完全感觉不到自己要说些什么，更不想考虑说这些话的后果："你知道吗，我从医院出来后，陈恒的爸妈就把我领回了家，我脑子里一点儿有关叶之行的记忆都没有，反倒是清晰地记得自己是陈恒。"说到最后，我的音调已变得诡异地颤抖了起来。

这样荒谬的言论，说不定我会被她当成精神错乱。可是她犹疑一会儿后却一脸凝重地说："你把你还记得的事给我说一遍。"我惊讶道："你相信我说的？""如果是别人这样说的话我就不信了，可是，你和陈恒之前研究了一个记忆移植的项目，我也了解了一点儿，你的情况和记忆移植的情况非常类似。"我内心震撼更甚，一五一十地把出院以来各事的来龙去脉全部给她交代了个干净。

……

"你很有可能被移植了陈恒的记忆！"郑圆相担忧地望着我。知道被移植记忆这件事并不能解开我的迷惑，最关键的是，陈恒为什么要把他的记忆移植给我，而一切的答案，只有死去的陈恒和曾经的我知道。事情既已如此，好像也到不了更坏的地步了，我反而有点儿轻松地说："那，有什么办法能让我拿回我自己的记忆呢？”“回你之前的医院！”郑圆相干脆肯定地说。

已经快要5点钟了，我把手机调成振动，来自裤兜的嗡嗡振颤提醒着我“父母”已经发现了我的“失踪”，我下定决心不去理会。

到了医院，我跟着郑圆相从后门进入一条冷清的走廊，她一边轻车熟路地带领着我，一边给我解释：“我之前来这家医院实习过，这边有个专门研究记忆的部门，八成你是在那里被移植的记忆。”

推开一扇门，里面的医生看到我们并不惊讶，倒像有准备似的在等待着我们。

“陈恒，哦不，该叫你叶之行，你知道了？”医生慢悠悠地说，我戒备地点了点头。

“赵医生！你这是什么意思？我想你很清楚记忆移植还在试验期，而且移植需要本人的同意！”郑圆相对他怒目而视。

“嗯……小郑你别激动嘛，我们确实取得了陈恒的同意，不过现在的叶之行肯定不知道陈恒之前同意了嘛，这可不是我们的错。”

“那如果我说我现在想拿回记忆呢？为什么我会愿意放弃之前作为叶之行的一切去变成陈恒呢？”我上前逼问。

“知道了你可能会后悔，我们作为医生也没法干涉太多，只是给你个建议。”

“我宁愿后悔，也不要糊涂！”

郑圆相扫我一眼，没有说话。医生把一个头盔样的东西戴在我脑袋上，我感到针刺的轻微痛楚就眼前一黑。

我愤怒地把实验室桌面的瓶罐全部扫落，在清脆的玻璃碎裂声中几近嘶吼：“陈恒，你不就是家庭背景好点儿吗？我到底哪里不如你？”陈恒眉目中满是歉意：“之行你冷静点儿，我也不知道导师会把这次的参赛名额给我，我从来都觉得你比我优秀，更适合做师姐的搭档。”“呵呵，你别再装好人了，是啊，你有了名额，当然可以假惺惺地说些场面话，谁不会啊。”我后退一步打算摔门而去，盛怒之下又摔碎了黄磷的瓶子，火舌蓦地窜起，地上满是碎裂的盛放着易燃物的瓶子，火势很快蔓延到整个实验室。我双目赤红，恨恨地说：“这下，实验室很快就会毁了。这个罪名我们谁也担不起，我看你还能不能拿参赛名额！”“别闹！快救火！”陈恒忙不迭地拿起灭火器。“我早该想到我作为一个没有任何背景的孤儿，有些事是不可能的，不可能的……”我失魂落魄地喃喃自语，却没注意到火舌已经悄悄爬上了我的裤腿。陈恒先我一步发现不对劲，冲上来，把我压倒在地，扑灭了我身上的火焰，他自己的背却被玻璃碎碴儿划得鲜血淋漓。“之行，你是我的好朋友，我从来没有在意过你的家庭背景！”望着他的眼神，我突然一阵头晕。恍惚间，我看到不远处的几瓶液体炸药倾倒下来，我彻底晕了过去。

摘下头盔，我眼睛酸涩。医生又说：“后来你们被人发现送到医院，陈恒的内脏几乎全部被震裂，而你被他挡住，只是有些轻微脑震荡。陈恒眼看就要死了，却奇迹般地回光返照，让我们把他的记忆移植给你，而且交代他的父母以后把你当儿子看。啧啧，这小伙子心真好。”医生看我的眼神带上了鄙视与怜悯。不知不觉间，我已泪流满面。

我满脑子都是陈恒看我的最后那个眼神，“对不起，对不起，对不起。”我跪坐在地上，朝着虚空喊着。我是那样自卑，和陈恒做朋友时总觉得他会看不起我，我又是那样自私，一心想着拿到比赛名额就可以在某个方面与陈恒平等。平时我最爱念叨的一句话就是：“陈恒你怎么这么好命啊，如果我是你就好了。”他却总是笑笑不说话。“像我这样卑劣的人，一开始就不配和你做朋友。”我伏跪在地上，捶着自己的脑袋。

郑圆相师姐和医生叹了口气，不再看我。“吱呀”一声，又有人推门而入。我抬起头，是陈恒的父母来了。“叔叔阿姨，你们送我去坐牢吧，送我去坐牢吧。”我哭喊道。陈恒的母亲慢慢走到我的边上，搂住我说：“现在你就是我们的儿子，这是小恒最后的愿望。”

我那天哭了很久，最后怎么回的家都不记得了。

我想过自杀，犹豫着下不了手。有那样一个人，为我付出了生命，即使自己已经离死亡咫尺之距，也不忘给我一个世界。后来我又去了趟医院，让医生把我作为叶之行的记忆全部抹去，把陈恒的一些记忆移植给我，我会代替陈恒活下去。从此，叶之行已死。

后记：

我叫陈恒，哦不，现在该叫陈行，真搞不懂爸妈为什么突然给我改名转学。有一天，我看见爸妈凝视着一张照片，我好奇地凑过去，发现那上面是一个我不认识的男子。“咦,这人怎么长得这么像爸啊？”“这是你的一个远房表哥,已经死了。”“哦，真可惜。” 我耸耸肩，却不知为何心里一阵酸涩。

平房天花板的木块已经烂了，

小粉虫在房间里不断地落下来。

床上没有毯子，白床单上一片的虫，

挡也挡不住。

“我的床不能睡。”米夏走出房间来说。

“可以，晚上睡在床单下面。”

我头也没抬地回了一句。

——三毛

6
千山

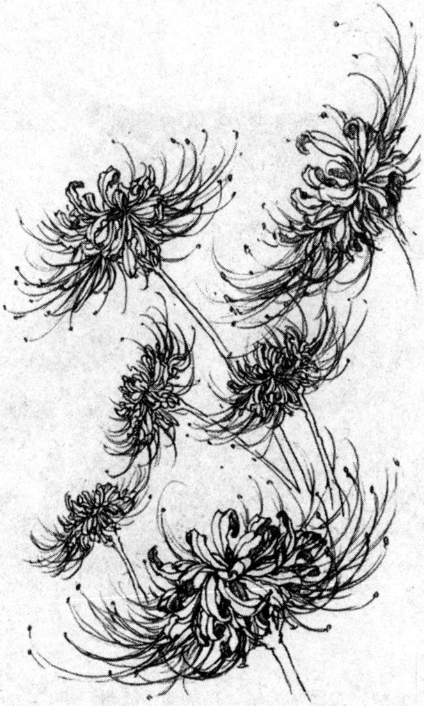

文 / 郭鸿宇

睡前故事

郭鸿宇，笔名：零环，零零年天蝎。现就读于随州二中，高二文科女。热爱海子，余华，王小波，东野圭吾。为成为上戏一分子而努力奋斗中。第十八届全国新概念作文大赛二等奖获得者。

猫嗅了嗅我的手稿，皱眉说："你最近简直越来越没才华了，写出来的东西连我们猫都看不上眼。"

当时我正在写一篇小说，猫对我说："你该睡觉了。"

我从密密麻麻的稿纸间抬起头说："写不完这篇小说我睡不着觉。"

猫跳上我的书桌，镜子映出猫慵懒的以及我沉重的双眸。猫嗅了嗅我的手稿，皱眉说："你最近简直越来越没才华了，写出来的东西连我们猫都看不上眼。"我叹口气说："我实在是没有灵感了。"猫喵呜了一下说："我讲个故事哄你睡吧，你不睡吵得我都睡不着。"

公元 1168 年。

孟秀才千不该万不该，不该拿棍子捅了王地主家的马蜂窝。马蜂窝比夕阳先行一步坠下去了，瞅见那黑乎乎的一团倾巢而出，孟秀才撒丫子就跑。眼下他正飞驰在烧红的夕阳下一望无际的地平线上，冷风灌进长衫，刺进骨头，他嘴巴上嘟囔着不该这么做，心里却在想：吾还要烧光他家房舍呢！谁叫他抢走了吾的半香。

其实他也只是虚张声势罢了。毕竟林半香是全村最美的姑娘啊，远远甩开排在第二的唐婉秋，被很多人惦记着那是再应当不过的事情。而他孟秀才，区区一介寒门书生，怎么看都没可能。

是的，林半香好看，全村的人都这么说。有人说她出生那天村子降下了久旱之后的第一场甘霖。有人说她是蝴蝶转世，因为她柔弱得如同一只粉黄相间的蝴蝶。有人说只要是她走过的地方一半的空气都飘浮着清香。

过年的时候孟秀才被爹娘拖去挨家挨户走亲访友，敲开林母的家门时，林半香缩着身子躲在林母背后，水灵灵的大眼睛怯怯地望着这个陌生的少年。那是孟秀才第一次见到林半香，他感到一朵名为半香的花从那刻开始牢牢扎根在他的心底。后来孟秀才考完乡试回家时远远就闻到一缕幽香，便看见黛青色长裙的林半香站在门口朝自己挥手。

林半香说："你真厉害，你是我们村唯一考中秀才的人。"孟秀才说："哪里哪里，只是运气不错罢了。"林半香说："我娘说了，让我多学学你，你能教我认字吗？”孟秀才说：“好啊，我以后每天都教你认字。”

林半香说：“你真有文化，以后肯定能考个好功名，是全村的希望啊。”只有这时孟秀才才会觉得自己的确不是很糟糕，还是配得上林半香的。或许林半香就喜欢自己这个文化人呢。

孟秀才家虽穷，可母亲就算去讨饭也要让孟秀才上学堂读书。孟秀才本身对读书这回事说不上喜欢，但也并不讨厌。因为他知道只有读了书，然后进京考取个功名，以后才能让母亲、让自己过上好日子。自从孟秀才考上秀才后，孟家整个儿都风光了起来，孟秀才的衣食住行也都在村民的帮助下有了着落。但最令他高兴的是林半香每天傍晚都会来他家门口找他。那时刻他白衣飘飘，她宛然而立，那是天底下最美丽的场景。

情意总是在不知不觉中烘焙出来，孟秀才从最基本的名字开始教起。他说：“你叫林半香。”说完用捡来的木棍在磨平的沙地上写出林半香三个字，林半香惊讶地说：“原来我的名字这么好看呀。”孟秀才说：“半香，你就像一朵花儿一样芳香。”林半香小脸微红低头问：“真的吗？”孟秀才说：“那当然，你是全村，哦不，是天底下最美的花儿。”林半香说：“那你是什么？”孟秀才说：“吾是采花人，半香姑娘，你愿意被吾采摘吗？”

孟秀才说：“你不说话那吾就当你是默认了啊，半香你知道‘执子之手’的下一句是什么吗？”林半香抬起头来，又用那无辜的大眼睛羞涩地望着他说：“我不知道。”孟秀才深情款款：“是‘与子偕老’，半香，吾愿与你执子之手，与子偕老。”林半香的眸子里映出孟秀才神采奕奕的表情。

小地主就是在那时候出现的。小地主像往常一样和他的父亲王地主一高一矮背着手，迈着外八字阔步走在乡间的小路上。王地主指着沿路的谷底麦田房屋说：“儿子你看，这些土地都是我们家的，那些人种的麦子、玉米、水稻也是我们家的，那盖房子的钱也是向我们家借的，那些农民全是给我们家打工的。而我的将来就是你的，土地啊、粮食啊、房子啊、工人啊，最终通通都是你的。”小地主喜形于色，然后指着迎面走过来的林半香说：“那她也是我的吗？”

第二天两大箱珠宝就被送到了林半香家，小地主站在林家门口摸了摸刚在小河边顺好的头发做出一副潇洒万分的表情说：“我爹吩咐了，不够再送，等你18就立马八抬大轿迎娶你。”

林半香说：“人家不喜欢你，人家已经有喜欢的人了。”这样说时眼睛望着刚从学堂放学回来经过她家门口的孟秀才。小地主也朝那个方向望去说：“你喜欢他吗？”林半香却忽地红了脸，沉默下来一言不发。

小地主不高兴了，他没想到自己村子里还有人敢抢他的女人，他想再不表示点儿什么就真是个傻子了。想到这里他愤怒地跺了跺脚，宝黄色圆顶帽随着他身体的摇动而松晃起来，小地主忙不迭地扶稳帽子，脑中的主意明晃晃地酝酿出来。

这天孟秀才像往常一样走在放学回家的路上，村里最黑的黑子跑过来问：“林半香是不是你的女人？”孟秀才一个爆栗敲在黑子头上说：“那当然咯，吾的半香你们这些人是惦记不来的。”黑子说：“不是这样的，虽然我也喜欢她，但要抢她的人不是我。”孟秀才漫不经心地问：“是谁啊？”黑子说：“村东的小地主刚才去林半香家提亲了，你快去看看哟。”

孟秀才站在林半香门前时，两大箱珠宝正被几个农民模样的人搬出来。孟秀才问站在门口泪眼婆娑的林半香发生了什么事，林半香也不答，只是哭，那模样看得孟秀才恨不得把那眼泪都吞到自个儿肚子里去。小地主也出来了，孟秀才恶狠狠地瞪着眼前这个戴金色圆顶帽、一身贵气的情敌。他想就算自己没他家有钱，但至少比他有文化，但现在看来文化又有个屁用，根本比不上两箱珠宝能讨姑娘欢心。

他正这样想着，小地主开口了，他对林半香说：“不管怎么样你都考虑考虑，考虑好了我会再来找你。”林半香听后抹了抹眼泪，点头说“好”，目送着小地主背着手，迈着外八字阔步的身影在远方逐渐消失成为一个点儿后，孟秀才再看林半香，四目相对时林半香眼泪又流下来了。

林半香说："我没有答应他，我真的不会答应他的，孟孟你要相信我。"孟秀才急忙说："吾当然相信你。"林半香哭的时候也是美丽的，有种独特的韵味。孟秀才说："吾当然相信你，但是他家那么有钱，吾怕配不上你怎么办？"林半香呜咽着说："我不怕，你不是教过我'执子之手，与子偕老'吗，我只想执子之手，与子偕老啊。"

那天过后小地主并没有再来找林半香说提亲的事，孟秀才也仍每天教她识字。

林半香说："我也想像你一样能去学堂听先生讲课。"孟秀才说："大不了你也去听课呗。"林半香说："这怎么行，我一个姑娘家的，先生怎么肯答应？"孟秀才说："村里的唐婉秋不也是女孩子吗？她都去听课了你怎么不行？"林半香说："她家有钱，所以什么都能办到，而我不一样，我家的情况你也是知道的，所以我只能拜托你教我识字啊，那些念书啊、上学啊什么的毕竟只能想想而已。"孟秀才说："不行，我去求先生让他收下你好不好？我现在就去。"

林半香背着母亲亲手缝制的灰色布包站在学堂门前时，依然不敢相信自己以后可以每天和村里的其他同龄人一起上学了。林半香说："孟孟你是怎么做到的？"孟秀才揉了揉在先生门前跪了一夜而隐隐发痛的膝盖，笑着说："没什么，你能去上学了就好。"

放学后林半香和孟秀才一前一后走在回家的路上，孟秀才说："你看这片油菜花海多漂亮呀，就像你一样。"林半香说："哪有，明明是花比较好看嘛。"孟秀才摇头说："不对，还是人更美。"林半香便低头不再说话了。

孟秀才说："春天的时候吾要为你摘下所有的花编成花环戴在你头上，夏天的时候吾要折下池塘里所有的荷叶来为你遮阳，秋天的时候呢，为你扫净树下所有的落叶教你识字，冬天的时候吾要娶你为妻，为你实现那个'执子之手，与子偕老'的承诺。"

可是在第一场雪还未降临之日便有人违了约。

当林半香和孟秀才一前一后走在放学回家的路上时，走在前面的孟秀才说：“我们来玩十步一回头的游戏吧。”林半香点点头说“好”。待走到第四个十步又该回头时却只看见一片金黄色的麦田，独独不见林半香的身影，只有半路清香依稀可闻。

孟秀才是在 3 天之后得知林半香要成亲的消息的，还是唐婉秋在学堂里无意间说漏了嘴的。她说：“我和半香一个正室一个偏房，又是好朋友，以后一定会相处得很好的。王爹爹说了，过几天半香生日的时候把我们俩的酒席一并办了，你们都记得一定要来哦。”

孟秀才把拳头抡到小地主同样也空了 3 天的课桌上时，先生皱着眉头走了进来说：“想必大家也都知道了吧，两天后王家与林家和唐家的喜宴，王家邀请了全村的男女老少参加，学堂特此放假 3 天，现在你们可以回家了。”

孟秀才很不能理解，他现在就站在林家紧闭的大门前高声唤半香的名字，长久没有回应。已是初冬的天气，仍一身破旧衣服的孟秀才觉得自己的骨头被冷风割开了一道口子，可最痛的永远不是身体。他不甘心，他一定要见到林半香，向她讨要个说法才是。他要亲口问她到底喜不喜欢自己，那句“执子之手，与子偕老”的诺言还算不算数。

他最终在村东的小地主家门口找到了林半香。她一袭大红长裙，正和同样一身红衣的小地主有说有笑地谈论着什么，那样子竟像一对新婚夫妇，而他分明好似一个外人。

孟秀才强压住心中升起的怒火，走到两人跟前，咳了好几声后两人才注意到他。

小地主轻蔑地笑了笑，嘴角弯起半个弧度，拉起林半香的手说：“你也是来祝福我们的吗？”

孟秀才阴沉着脸没有说话，扭头对半香说：“吾要和你讲一些事情。”突然一把扯开两人拉在一起的手，牵起林半香的右手疯了般往外跑去。孟秀才不知跑了多久，一直到村里最西边的小河旁才敢停下。

他松开手，复又把双手轻撑在林半香肩上，用平生最严肃、最认真的语气问她：“你还喜欢吾吗？”

林半香说：“我要和小地主成亲了。”

孟秀才一个劲地问：“你还喜欢吾吗？你还喜欢吾吗？”

林半香一个劲地说：“我要和小地主成亲了，我要和小地主成亲了。”

林半香声音哽咽了，她双手捂住脸说：“我也没办法啊，我一个女儿家怎么敢违背娘的意思呢。我娘已经收了人家的彩礼，典当成了银子给爹请了郎中。再怎么样我不能不孝啊！父亲的病实在是不能再拖下去了……”

孟秀才酸着鼻子半晌才酝酿出一句话：“你就不能再等我一年吗？等我考上举人，我……”林半香的眼神突然坚定起来，边擦着眼泪边说：“是啊，我真的等不了了，这几年为治爹的病家里已经欠了好多债，现在这不又快要过年了，催债的人再上门，我和娘两个手无缚鸡之力的弱女子就真的过不下去了。”

“我懂了，半香。”这是孟秀才走之前说的最后一句话。

孟秀才千不该万不该，不该拿棍子捅了王地主家的马蜂窝。马蜂窝比夕阳先行一步坠下去了，瞅见那黑乎乎的一团倾巢而出，孟秀才撒丫子就跑。眼下他正飞驰在烧红的夕阳下一望无际的地平线上，冷风灌进长衫刺进骨头，他嘴巴上嘟囔着不该这么做，心里却在想：吾还要烧光他家房舍呢！谁叫他抢走了吾的半香。

也并不只是虚张声势那么简单，他还真这么干了。

火起的时候并没人知晓，这个时节的农民正忙着收割最后一季庄稼，哪有这个闲工夫去看这些。

零星的火苗引燃堆在房屋旁的草垛，“噼里啪啦”是燃烧的焦味，黑色的余烟意犹未尽地缠上房梁，大火接着攀爬上了整座屋子，随着冷风搔首弄姿起来。

小地主像往常一样，和他的父亲王地主一高一矮背着手，迈着外八字阔步走在乡间的小路上。王地主指着沿路的谷底麦田房屋说："儿子你看，这些土地都是我们家的，那些人种的麦子、玉米、水稻也是我们家的，那盖房子的钱也是向我们家借的，那些农民全是给我们家打工的，而我的将来就是你的，土地、粮食、房子、工人，最终通通都是你的。"小地主喜形于色，然后牵起走在他右手边的林半香说："半香也是我的。"

那场火后来成为村民们茶余饭后的谈资。有人说大火是老天显灵，惩罚了王家过去剥削他们的种种恶行；有人说大火是哪个毛头小子贪玩放的；有人说大火烧光了王地主家屯的几百石粮食；有人说咱们解放啦，因为大火顺带也烧掉了所有的卖身契和房地契；还有人说林半香和小地主结不成婚啦，大火把小地主的聘礼都烧没了；有人说，林半香那么漂亮的人也幸亏是离开了，否则跟着破败的小地主活受罪，那倒还不如离开。

不过这些孟秀才都不会知道了。放完那把火后，他就搭小舟渡到了河对岸，颠簸中奔走在进京赶考的遥远路途上。

孟秀才回来的时候是一个艳阳天。村民们都在为过年做准备，村里却寂静悄然，四处张灯结彩却不见人影。孟秀才穿梭在万籁俱寂的乡间小路上，好不容易看见小黑朝自己走来，他欣喜之余刚想打招呼，小黑却神色匆匆地朝自己身后跑去。饶是孟秀才有再大的耐性也不免烦躁了起来，他转身向小黑的方向奔去，跟在小黑身后停在一片烧焦的废墟旁。

王地主死了。

小地主死了。

他们被渡夫从河中打捞上来时就已没了呼吸。有人说他们一时想不开跳了河，有人说他们没那么傻，只是在房子被烧之后来河边散心时意外掉下去的，更有人猜想是林半香后悔自己嫁给了一个破败家庭的破败地主，于是推他们下河的。不过人们对这件事的议论很快就像对那场大火的关注一样平息了下来。不管怎么样，他们的生活依然没有太多改变，年总归还是要过的嘛。

王地主和小地主躺在早就预定好的红木棺材里，安置在房舍的废墟之中。村民们围成一圈，闭上双眼求神拜佛一番后也都各自回家了，办年货的办年货，贴春联的贴春联，猪叫声此起彼伏。

最后只剩下孟秀才还愣在原地。

不知过了多久，他终于艰难地挪动了脚步，缓缓离开了这个伤心之地。又不知过了多久，他突然奔跑起来。眼下他正飞驰在烧红的夕阳下一望无际的地平线上，冷风灌进长衫刺进骨头，他丝毫不觉得冷，却忽然悲伤起来。他不知道自己要去什么地方，他想去找林半香，牵起她的手对上她含情脉脉的双眸，然后告诉她我就要考上举人了，不过就算考上了又有什么意义呢？见不到自己心爱的人，一切都是枉然。

他忽地有些疑惑了，脚步停在村里最高的山坡上，云烟是在一瞬间笼罩在他眼里的，周围的一切都依稀蒙上了一层水雾，氤氲在没有她的世界。

寒风吹来一片香气，一只蝴蝶划过天空。

“林半香到底去哪儿了？”我咬着笔杆问猫。

猫踩着优雅的舞步从书桌移上窗台，艰难地推开窗户后径直跳入它的温暖小窝。

突如其来的冷风让我为之一抖，我刚想关上窗户，一只黄粉相间的蝴蝶飞了进来，绕着房间飞来飞去。

在我仍没反应过来的时候，蝴蝶又飞走了，留下半屋清香。

“她真的变成蝴蝶了？”我自言自语，嗅着这不知名的仿佛属于过去的香气。

扭头看猫已睡熟。

∴ 泉 ∵

文 / 边梦娇

边梦娇，女，闽江学院。爱好：煮咖啡。第十八届全国新概念作文大赛二等奖获得者。

街上的路灯突然亮了，这才 10 月，就黑得这么快。

1

东方妇产医院，隔着一条大马路，对面是家婚纱摄影会所，名字是“泉”。以前我穿着高中校服放学经过时，总会想起杜尚的那幅画。没错，就是那幅小便器。它的名字，也叫“泉”。我觉得这是一种讽刺，当我告诉张旭我的想法时，他只是摆摆手：“我不认识杜尚。”然后狠狠地吸一口烟，那模样就像电影里忧郁的痞子。我多么喜欢痞子。

我和张旭生活的城市，冬天雾霾弥漫，春天沙尘呼啸。不过这并不妨碍它的美丽，它的美丽不是一派灯红酒绿的表象，那种美丽，就好像人们心上的塑料花，踏踏实实，从不凋谢。

如果不是张旭的爸爸，也许我会一直留在我的小城。考不上大学，高中一毕业，去继父的咖啡店上班，每个月领两千块的工资，然后嫁给张旭，生个小孩儿。可惜命运这种东西，真的无法揣度，当我在距离家乡一千八百公里的某座南方城市替客人化完妆，空闲下来的时候，总会恍恍惚惚地想起张旭的裸体和我们那个未成形的胎儿。

“你信命吗？”我的一个顾客曾经问过我。那天她结婚，新郎是 49 岁的某公司老总，二婚，有一个孩子。

“我信。”我拿着眉笔的手悬在半空中，呆呆地望着镜子里那个年轻貌美的新娘，只觉得喉部像卡着一根鱼刺。

窗外的阳光透过巨大的落地窗，温暖地洒在我们身上。我动了动嘴，想和她说些什么，却什么都没说。没有谁可以给谁安慰，我们都是贫乏而自私的人。如若不然，又怎么会踏上这样的路途？

新娘身上的婚纱价值百万，白色的蕾丝与珍珠吊坠，华丽而空虚，就像我们年轻时的梦想。

“你说，爱情是什么呢？”新娘眼神空洞，声音就像覆了一层薄薄的雪。

我并不言语，一丝不苟地替她盘发，然后别上镶有钻石的小皇冠，脸上自始至终保持着平和的微笑。

“见笑了。”她微微一笑，随即起身，拖着婚纱的长裙摆走出几步，轻轻地推开了我们面前那扇昂贵的复古房门。热闹的，属于人群高谈阔论的声音涌进来，淹没了短暂的宁静。

那是我做化妆师以来，服务过的最有钱的一对新人。那天的薪酬比我一个月的工资都要高。我很喜欢钱，所以当我拿着那些红色的纸币，站在自己的化妆台前时，不禁流下了眼泪。

“林姐，你怎么啦？”店里管服装的小妹凑过来问我。

“最近眼睛很不舒服。”我装模作样地揉了揉眼睛，举起桌上的水杯。女孩儿知趣地走开了。

店里前来咨询婚纱照的新人络绎不绝，窗外阳光明媚，车流滚滚。我吞一口茶水，蓦然想起身份证快到期了。

“得回趟家了呢。”25岁的女人在一片碎碎嚷嚷的谈话声中，喃喃自语。

2

张旭总做同一个梦。

林微微掐着他的胳膊，用她涂了黑色指甲油的长长指甲，用力地掐进他的肉里。他身下的她表情有些扭曲，一言不发，他进去的时候，她就簌簌地流下了眼泪。

这不只是一个梦，更是曾经真实发生过的场景。虽然林微微如今早已销声匿迹，但她的喘息和眼泪，他都清晰地记得。她离开后的日子，他很久没有做爱。身边暧昧不清的女人很多，可以一起纵情声色的也不在少数，可是他偏偏硬不起来。是出什么问题了吧，到底是什么问题呢？他寂寞地抽着烟，裹紧身上的大衣，在她家楼下一圈一圈地绕。她没有出来，她离开了。

一场爱情，可以维持多久？也许是几年，也许是一生，也许从头至尾，不过短短数月。张旭和林微微，属于最后一种。

小城的夏天，很短。6月热起来，8月底就要转凉。林微微穿着宽大的校服，急匆匆地走在八月的林荫道上。发传单的男生热情地塞给她一张花花绿绿的纸，瞥一眼，是吉他培训班的暑期招生。

“妹子有没有兴趣学吉他？”男生声音干涩，像是一把木吉他被轻轻拨动。

林微微本来急着回家吃午饭，可是抬头看到那张英俊的脸，不禁六神无主起来。

“嗯，啊。我还有事，先走了。”她慌乱地走开了，手里攥着那张传单，只觉得脸颊发烫。

张旭望着女孩儿的背影，心里疑惑：“她走路好像有些跛脚呢。”尽管穿了特殊的鞋子，可还是和正常人不同吧。林微微希望自己尽量沉着一些，可没走出几步，就摔倒了。

“你没事吧？”男生走过来，想扶她，却被她一把推开。

“不关你的事。”她不知道哪来那么大的脾气，脸涨得红红的，艰难地自己爬起来。

“脾气挺冲啊。”男生摆出一副嬉皮笑脸的样子。正午的阳光炽烈，他们的额头都渗出了汗珠。

“关你屁事，不要在学校门口发这种东西好不好？”女生狠狠地踩了几脚那张掉在地上的传单，眼神里闪烁着强作镇定的恐慌。

“我能送你回去吗？美女。”男生并不理会她的无理取闹，言语间没有一丝轻浮，反倒很诚恳。

林微微没来得及说不要，就被他宽大的手拽了过来。

“我的摩托车在那边，一起过去吧。你还能走吧？”他像拎着一只小鸡一样，把她拎到了一旁的停车位。

地面被炙烤得灼热，仿佛打一颗鸡蛋上去，就能煎出七分熟的煎蛋。摩托车发动起来的时候，飘起一股好闻的汽油味。夏天看起来还不会离开，也许今年会热得久一点儿呢。林微微坐在陌生人的摩托车后座上，想着这些乱七八糟的事。

3

“小悦，我下周回去一趟。有空的话到时候见一面。”

“真的吗？我的天，有7年没回来了吧？好好好，回来直接到北华街的东方妇产医院找我，我在那里当护士。”

小悦的热情让我觉得温暖。东方妇产这几个字，却像尖利的针一样扎在我心上。

“直接约一家饭店吧，我回去办个身份证，很快就得回来了。这边工作不能耽误。”

“好好，我一定出去，请假也出去。回来了联系我。”小悦的话语里透着压抑不住的欢喜，我也禁不住欢乐起来。

安排妥当工作的事，和店长再三保证两天后绝对回来，我踏上归家的旅途。3小时的飞机，买了头等舱，单曲循环一支肖邦的曲子。下飞机，转大巴，两小时就抵达了我的小城。

它依旧美丽。10月中旬的一个下午，我真真切切地站在小城汽车站外的广场上，数着白鸽。起起落落的鸽群，很轻易就让人陷入沉思。他还好吗？他很好吧。

我沿着通往市中心的那条马路，缓慢地走着，想多看几眼这个地方，看看街边密密的商铺，听听熟悉的家乡话。这里的10月已经很凉了，我穿着一条单薄的裙子，披着一件小开衫，脚上是刚买的细带凉鞋。

我以为我永远不会回来了。妈妈出意外之后，我就没再想过回来。

脑海中起伏千般思绪，觉得一阵惆怅茫然，停下脚步，打了一辆车，直接去北城的派出所。走完一系列程序，被告知要一个月后才能取。看来只好拜托小悦到时候帮忙取了再寄过来。

出了派出所，四下观望，发现街对面有一家咖啡店，为图方便，我决定就在那里见小悦。

已是下午三点，今天又是周六，她应该不忙吧。电话拨过去，是一个男人接的。

“喂，小悦？”

“她在洗衣服，我帮你叫她。稍等。”

然后我听到电话那边，传来男人的喊叫：“钱小悦，你电话，听到没有！”

很熟悉的声音，心底掀起一阵波澜，但无论如何都想不起是谁。

“喂，你回来啦！在哪儿呢？”我几乎可以想象到电话那边，钱小悦傻乐的样子。

“我在建设路这边的一个咖啡店，叫‘慢时光’。你过来吧。”小城很小，这样的咖啡店不会很多，她应该知道。

“慢时光啊，好，我马上过去。刚刚洗衣服呢。”我听到她兴高采烈地叫那个男人，“你待会儿晾衣服吧，我好朋友回来了，我出去一趟。”

男人的回答没听清楚，电话就挂断了。我点一杯espresso，安静地等待着老友。

4

如果说第一次相遇是偶然，那后来的无数次搭讪，一定是蓄谋已久。真相也的确如此。

对张旭来说，林微微是极其特别的存在。她身上患有可爱的残疾，需要保护，爱脸红，却又倔强，对别人的哪怕一丝同情都反感憎恶得要命。

他喜欢她，即使自己大她4岁，也还是要让她明白他的心意。爱情是容不得迟疑的，来了就要抓住，否则擦破衣服也擦不出一个女朋友。他也的确有自信的资本，音乐系毕业，参加选秀节目海选就被淘汰，于是回到自己的家乡，老爸给钱开一家琴行，寒暑假也办办培训班，收入不低。“高中生又怎样，一眼就喜欢的女人太少了，我要搞到她。”

林微微高二，那个暑假学校为升学班补课，整个年级都只有二十天的假期。一开学，就是高三，她学美术，每天除了去画画，还要补专业课，日子过得很紧张。妈妈的心愿，就是她可以上中央美院。

“这真是个笑话，我怎么可能考上，钱小悦你说是不是？”林微微在课间休息时间，和同桌低声抱怨。钱小悦生性乐观，拍拍她的肩膀，鼓励一句“不要说丧气话嘛，你画得那么好”。

“可是光画得好，没有用啊，文化课差得要死。”林微微把头埋进书堆，在心里自言自语。她的压力太大了，好像全世界都指着她出人头地，可她却不过是个胸无大志的女生。她没告诉过任何人，她只想待在这座城市，去继父的咖啡店做个咖啡师，再嫁个人，平平淡淡就好。她不喜欢到人群里去，那些言语会中伤她。为什么非读大学不可呢？面对糟糕的成绩单，她无数次问自己，没有答案。

张旭就像是一个硬生生闯进她生命的痞子，一个英俊的，容易让人沉沦的痞子。在他之前，她没有被任何男生追过，也许是因为左腿的小小残疾，也许是她一向冷若冰霜的待人态度。事实上，整个班级，除了钱小悦，没几个人和她说话。她很美丽，然而那份美丽，似乎只有张旭看到了。

8 月底的那次邂逅，张旭要了她的手机号码。

“万一你突然想学吉他了呢？”他的笑容暧昧不明，声音涩涩的。仔细看的话，不难发现他眼神里的拘束。

“哦。”她把号码存进他递过来的手机里，他回拨，于是他们都有了彼此的号码。

烈日炎炎，他骑着黑色的大排气量三菱摩托，消失在小区外的长街上。

他开始频繁地打电话给她，她挂掉，他发信息过来。

“星期天来我琴房，给你弹钢琴。”

“对了你叫什么来着？”

“一中的学生都没有休息日？”

“林微微啊，好乖巧的名字，不像你。”

慢慢地，就好像认识好久了。

他偶尔会守在他们校门口，放学了，就载她去吃冰激凌。她说过，她最爱吃冰激凌，冰得脑子都不用转了。

他的追求，虽然没有明确的目的性，不过确实是夹杂着肉欲的。他对她充满了好奇与渴望。一个可爱的，患有残疾的小女生，胸是合适的大小，腰肢纤细，眉清目秀，讲话时嘴微微张开，露出整齐洁白的牙齿。她给他讲她的素描、她的水粉、她的数不胜数的画家。她总是皱着眉头，好像一旦舒展，就会发生什么不合常理的事情。

那个夏天的末端，他无数次抱着吉他，端坐在桌前，想给她写一首歌。她应该是蓝色的，透明的，不可触碰的。可他想抱着她，牵她的手，吻她，要她。

如果不是穿错衣服，也许一切都不会变得那么糟糕。他不该伤害她的，他以为他给的伤害只是夺走了她的初夜，可是生活的另一面，那些伤痛，却不止如此。

5

钱小悦气喘吁吁赶到的时候，我在发呆。

“微微，微微。”她一进门，就喊我。脸上洋溢着笑容，一如过往，乐观坦白。

“嗨，来啦。”我回应，不好意思太大声，只好高高挥手，示意我听到了她的呼喊。

钱小悦有点儿胖了，不过长发飘飘，妆容得体。她穿着一件大码的蓝色卫衣，牛仔裤，像个中学生。

“我随便穿了几件衣服就跑出来了，是不是很傻？这外套好像还是男朋友的呢。”坐定之后，她就显露出话唠的本性。

“你怎么剪短发了？以前好羡慕你长发飘飘，蓄了好久才长这么长。你怎么剪了呢？”她替我惋惜，抱住我的手臂，亲密地靠着我。我心里暖暖的，可湿漉漉的回忆还是涌了起来。长发？早就剪了呢。离开这里就没留过长发了。

“没什么啦，短发也蛮好的啊。你有男朋友啦，什么时候结婚？”我转移话题，轻轻搅动手里的搅拌匙。

“相亲认识的，现在同居了，哈哈。估计年底结婚吧。”小悦点了一杯橙汁，满面春风地和我说。

“那我要准备一个大红包呢。”我一面替她高兴，一面万分落寞。

“你呢，有人选了吗？”

“还没，没你那么神速。”

“好啦，别贫了。我结婚你可一定得回来！给我当伴娘！你不回来我不结了。”钱小悦还像学生时期一样孩子气，我无奈地答应了她。

“东西办好了吗？今晚去我家住！给你做饭。”

“要一个月后才能取，到时候你取了寄给我吧。我订好宾馆了，不麻烦你了。你不是和人家同居吗？”

“对噢。”她吐了吐舌头，“那你来吃晚饭吧，吃完再去宾馆。我有好多话想对你说。来尝尝我的手艺。好不好？”

我被缠得无奈，只好答应了，其实心里还是不愿意去麻烦人家。这些年一个人在外面，习惯了冷遇，反倒适应不了这般热情。也好，看看她的另一半，是不是值得托付。

在咖啡馆聊了很久，她说要一起去超市买菜，我们这才离开。

6

张旭以为，那是他的裤子。他们父子的牛仔裤，码数、款式，都一模一样。生活习惯也一样，都爱把裤子脱到沙发上，穿着大短裤在家里晃。

那天早上醒来，已经10点了，答应要带林微微去他的琴房，给她庆生。慌乱中他提起沙发上的牛仔裤，套上T恤，简单地刷牙洗脸后，就骑车飞奔到了林微微家的小区外。

“快点儿下来吧。”他给她打电话。

很快，她穿着最喜欢的一条裙子，慢慢地走出了小区大门。

她坐上他的摩托车，他故意骑得飞快，她只好下意识地揽住他的腰。体温熨烫出淡淡的洗衣液的香气，夹杂着汗液，男性的，特别的，属于他的气味。她把脸贴在他的背上，风呼呼地灌过来，她可以听到自己的心跳。

路过麦拉琪蛋糕店时，他停车，买了蛋糕。到达琴行是上午十一点半，她第一次来他的琴行。小小的店面，里面有一架钢琴，墙壁上挂着各种吉他。

“这里有点儿挤，到隔间吧，有张床可以坐。”他提着蛋糕，打开另一扇门，他们一起走了进去。

干净整齐的小房间，床单是蓝色的，上面有一条毯子，一个枕头。窗户小小的，透进微弱的光。他开了日光灯，点起蜡烛，拿吉他给她弹《生日快乐》。她的脸红红的，微笑的样子很迷人。

“喂，我们算情侣吗？”认识的第四十天，她问他。

蜡烛燃烧着，红色的烛火映红他们的脸。

“你说呢？”他不置可否的态度让她生气。

“如果不是，那我们就不要见面了，从今往后。”她17岁，第一次被男生这样宠爱，可那个男生又没有说过请她做他女朋友之类的、明明白白的话，她感到失望，她害怕他只是随便逗逗她。

“你生气了吗？”他放下吉他，脸越靠越近，直到他们的鼻尖碰到一起。林微微的心跳加速，她觉得一阵眩晕。

他的手在发抖，可他还是吻了下来，温柔地，饱含爱意地。他把她按倒在床上，小心翼翼地，像吻一件易碎的珍宝。

她没有挣扎，闭上了眼睛。

如果不是蜡烛烧到床单，他会一直吻吧。

他们慌忙扑灭了火，还好及时发现，只烧了一角床单。

两个人大汗淋漓，他习惯性地伸手到裤口袋找烟，摸了半天，掏出一个避孕套。她的目光停在他的右手，就这样僵持着。

“这个，不是我的，我可能穿错裤子了，这是我爸的。”他自知解释无用，可还是解释了。

“所以呢？”她的目光里有摄人心魄的东西，他觉得自己的下体有了变化。

他靠近她，脱掉她的裙子。他进去的时候，她流出了眼泪。不只是因为疼，更因为心里的某道屏障，破碎了。

红色的血渗到了床单上。

他涂一层奶油到她的嘴唇，像小兽一样轻轻舔舐。

如果，他爸爸的避孕套，没有破就好了。由于带在身上很长时间没有用，加之多次折到，那个套子上有了一处小的破损。

他们都以为，没事的。

可偏偏出事了。她的例假没有按时来，她就开始惶惶不安。逃课出去约会，她问他：“万一我怀孕了，怎么办？”他一副无所谓的样子：“怎么可能，我明明戴套了。别瞎想啦。”如果，如果他当时不那样说，也许一切都会不同吧。她也许不会自己一个人跑去东方妇产医院做检查，不会在查到怀孕后失魂落魄地跑回家大哭，妈妈也不会看到她的化验单。

她的自尊，比谁都要强。可他伤害了她。

和妈妈大吵一架之后，她一个人跑到了街上，不知道可以依靠谁，只觉得这辈子算完了。妈妈不顾继父的劝阻，跑出来找她。整个城市都沐浴在宁静的月光下，深夜12点，街拐角，妈妈被拐弯的无证车撞到。没有人看到，没有人打救护电话，直到继父出来。

她没想到，她的任性，会造成如此惨痛的后果。妈妈死了，送去医院就停止了呼吸。继父的眼泪和眼神中的责难，让她的心更加不安。痛苦是什么？没有人比她更清楚。

一周的时间，她丧母，退学，堕胎，离家，只带着一个小小的行李箱和一千块的现金，就踏上了前往远方的路途。

所有的秘密，都随时光沉入海底，变成晦暗的往事。她的青春，似乎是在一夜之间被榨得一滴不剩。

“人们为什么相爱，又为什么分开？”

张旭在林微微消失后的第五十天，写了一首歌，《微微》，歌词只有这么一句。

7

我和钱小悦在超市的货架中间穿行，人不是很多。她一一指着那些零食，都是我曾经的最爱。

“微微，你这些年过得好吗？”钱小悦捧着一棵白菜，突然很认真地问我。

“挺好的。学了化妆，也算是没白学那么多年美术。现在在一家影楼，是首席化妆师。”我打趣，脸上的笑容无懈可击。

“我林林总总听了不少你的事，可我还是不信他们传的。你过得好就成，我就放心了。”她把白菜放下，拿起了青椒。

左逛右逛，不一会儿就买了一大堆菜。结账的时候，我们争着付钱，她的钱包在你推我搡时掉到了地上，我弯腰去捡，却看到一张亲密的合影。那副面孔，怕是一生都不会忘记吧。我的手变得僵直，递给她，只觉得呼吸都没了。她趁机付了账，得意扬扬地和我说：“抢不过我吧。”

出了超市的大门，我的手机响了，是店长打来的。这个烦人的家伙，好像我会跑了。

“微微，你办好了吗？”

“嗯。”

“那明天赶得回来吧，你不在新娘的妆根本没法化。你还不知道丽珍的水平吗？”他摆出喋喋不休的架势。

“哦，我知道了，那我今晚就赶回去。”

“啊，你说什么，没开玩笑吧？”

“好，老板，我知道了，我现在就订机票。拜拜。”

挂掉电话，我对一旁的钱小悦报以无奈的表情。

“非走不可？”

“非走不可。”

太阳已经了无踪迹，我裹紧身上的薄开衫，知道自己终将远行。

“小悦，你们医院对面是不是有一家叫作‘泉’的婚纱摄影会所？”

“对啊，怎么突然问这个？那家店开了很久了。”

“没什么。”

街上的路灯突然亮了，这才10月，就黑得这么快。

小城的夏天，真短啊。

文 / 王书娅

千山

王书娅，笔名：南书百城。97年的射手座，高中就读昆明三中，曾几度将校刊办得濒临倒闭。作品散见于《中学生博览》《中学生百科》《创新作文》等。新概念作文大赛十七届入围奖；第十八届全国新概念作文大赛一等奖获得者。

暖阳温润，倾城的日光在她周身流转不断，兜兜转转，却始终照不亮她仿佛无底的黑色眼眸。

一、光影浮夏

将最后一个纸箱搬到地上，钱千千直起身子，下意识地抬眼看了看明晃晃的日头。

夏蝉单调冗长的叫声落入耳畔，莫名地令她暴露在烈日下的视线有些泛白，一个一个悬浮在空中的白色小光点，随着眨眼的动作徐徐缓缓地炸开。

“小心。”身形微微一晃，下一秒便被人轻轻巧巧地圈住。

身后的卡车轰然开过，绝尘而去。

“是中暑吗？”即使视线所及之处的物体都已经模糊得发白，身边青年关切的询问声依然清晰准确地传入了耳中。

低沉，优雅如同大提琴的声线，仿佛古寺之中余音绕山的钟磬。

勉强站稳脚步，钱千千在炫目的日光之中抬起头。

面前青年的身子一僵。

“千……千千？”

透过盛夏斑驳的光影，她有些恍惚地，在青年的脸上看到一种惊诧之余近乎狂喜的神色。

不知道是不是她的错觉。

二、破碎时光

会客室里，裴仪为钱千千倒了一杯葡萄果汁。

即使室内有空调调温，冰镇果汁的玻璃杯外缘依然密集地挂了一圈小小的水珠，落到她的手上时，几乎将她的指尖都映得有些透明。

“千千。”青年几乎忍不住，俯下身握住她的手，“跟我回去。”

钱千千低头望着他骨节分明的十指，有些发怔。

裴仪的手实在是很大，握起来温润微凉，如同一块暖玉。

很久以前，她也曾拉着这双手不肯放，笑意盈盈地看着这双手烹炸煎炒，为她做各式各样的菜品，把她最讨厌的胡萝卜也削成一朵花。

“三年前的事情，我不怪你。”见她没有答话，裴仪不由得将语气放软，却依然显得不容置喙，“跟我回去，让我来照顾你。”

钱千千垂着脑袋，许久，苦笑道：“你凭什么怪我？”

“你——”

“裴总。”礼貌的敲门声之后，助理小心翼翼的声音响起来，“晚上的酒会，您还要不要……”

“去什么酒会！”裴仪的咆哮声把钱千千也吓了一跳，见她的身子不自觉地朝后晃动了一下，他有些懊恼地深深吸了一口气，站起来，一言不发地转身过去。

以前也是这样，每次她把他惹恼了，他舍不得把怒气往她身上撒，就一个人跑到她看不见的地方坐着，等着她去哄他。

白皙湿润的指尖落到衬衣衣袂上，在暗纹繁复的衣角悄悄晕开一片小小的指纹。

她仰着头，轻轻拉一拉他的衣服：“不要生气……裴仪。”

破碎斑驳的光影里，她的声音与他的回忆相互应答，一丝一缕地缠绕到了一起。

三、葡萄果酒

很多时候，回忆起自己的年少时光，裴仪都想穿越回 20 岁，甩给那个对钱千千一见钟情的自己一耳光。

20 岁那年，他的土豪父亲在新开发区为他开了家拿来练手的中餐馆，为了捧场试菜，还特地叫上了许多朋友——那其中，就包括钱千千的父亲，和前去蹭饭的钱千千。

酒桌上嘈杂喧嚣，裴仪透过红木镂刻的隔板，默不作声地观察每个人在吃到每一道菜时的表情。目光巡视一圈，最后落到钱千千身上，却发现她正抱着一个毛茸茸的巨大乌龟包，低着脑袋，竟然是在读一本被她藏在背包下的书。

眉头一拧，裴仪突然间对那整桌菜都失去了信心。

就在他考虑要不要换个厨师或者干脆下一道菜亲自上阵的时候，钱千千已经端着一个空空如也的玻璃杯站到了他面前："抱歉，葡萄汁可以续杯吗？"

那时候的钱千千被即将到来的高考压得几乎发狂，瞳眸深处却依旧干净得纯粹，华光流转，仿佛温润生辉的黑色琉璃。

回首之时猛然撞上这双眼睛，裴仪的耳畔一瞬空寂。

看着这样一脸纯善的钱千千，他突然想要跟她开个玩笑。

于是，他用了三秒来做决定，悄悄将她想要的葡萄汁换成了自家酿的葡萄果酒，而后用了3年的时间，来后悔他这个草率的决定。

因为，钱千千酒精过敏。

好好的饭局被他一个无意之中的小举动搅成了一锅粥，饭桌上父辈的叔叔们几乎都喝了酒，他只好自己开车送她去医院。跑车油门踩到底，不仅一路横冲直撞地漂移过了每个红灯，也在当晚成功地被吊销了驾照。

很多年后，当她已经不在自己身边的时候，他依然会想起那个晚上来。

那时候，他看着病床上安然入睡的钱千千，望着她在漫天星光下安静美好的侧脸，觉得自己此生此世都再也不会有如此耐心，去对待另外的一个谁了。

那时候，他是真的真的，那样觉得的。

四、是我有病

夜幕低沉，烛光摇曳，酒杯碰撞的声音清脆入耳，在视线之末化作一抹袅袅的暖光。

钱千千微微垂着头默默切牛排，睫毛在眼睛下方投出小小的阴影。

裴仪望着窗外川流不息的车辆，面色沉静地摇了摇红酒杯："你这些年，过得怎么样？"

"不好不坏。"顿了顿，钱千千意味不明地勾唇笑笑，"离开你，我至少是能活下去的。"

指骨一白，裴仪几乎要把手里的杯子捏碎。

"离开我，然后去给会展中心搬箱子搬到中暑？"望着她比三年前更显尖瘦的下巴，他的笑意不觉间染上一抹讥诮，"且不论当初钱叔叔破产究竟跟我父亲有没有关系，你刚一高考完，二话不说甩了我就自己离开，连个信儿都不留，又好到哪里去了？"

"会展中心暑假缺人，我只是短期兼职。"想了想，钱千千又觉得没有向他解释的必要，只低着头兀自笑道，"是，那时候悄悄离开是我的不对，我爸爸去世的那段日子里，你照顾了我那么久，我无论如何也应当感谢你才是。"

语落，她抬首，举起手边那杯颜色与红酒几乎无异的葡萄汁，嫣然笑道："干杯，裴总。"

像一记闷拳，正正地打到心脏中央最空旷的地方，却是凛冽回响的痛。

裴仪望着她，胸腔发闷，突然之间怒不可遏。

"钱千千，我就是有病。"

他一字一顿，恼怒却颓然地，把每个字都用力刻进了心里。

五、如何留下

裴仪和钱千千会熟络起来，实在是多亏了她当初不小心喝下去的那杯葡萄果酒。

那天清晨的病房里，她醒过来的第一眼，视线所及之处晨光万丈。裴仪站在落地窗前小心翼翼地向她道歉，高瘦的身形在光影里立成了一只毛茸茸的金毛犬，背后的云霞燃烧了千里，看起来温暖而缱绻。

她从没告诉过他，她那时候几乎看他看得出了神，明明，那也是她想要刻入时光的人啊。

钱千千原以为，含着金汤匙出生的裴仪会是个十指不沾阳春水的公子哥，意外的却是，他竟然有一手漂亮的刀功，做菜时，能把豆腐也雕出花来。

于是，在她短暂瞬息的高三生涯里，缠着裴仪为她雕各种造型的食物便成了她为数不多的娱乐活动之一。材料从最初常见的萝卜渐渐发展到了绵软的豆腐，造型也从最初的装饰花慢慢发展成了数学试卷里扭曲的立体几何。

那时候，她和裴仪都心照不宣地以为他们能一直这样下去，能一直坐在一起看书，整理笔记，能一直拉着对方的指头轧马路，能一直相互陪伴不分开。

只是这种平静，最终还是在高考前一个月被打破了。

裴仪为了帮她减压而带她去坐了过山车，还没踏出游乐园的大门，钱千千的眼睛便看不见了。

她的视网膜，因为剧烈运动而脱落了下来。

裴仪自责得要命，钱千千却乐呵呵地抱着他说没关系，反正她本来就知道自己先天性视网膜发育不良。

而裴仪不知道的是，那个时候，他想要做的事情，无论是什么，她都不愿辜负。

只是许多事情，若非辜负，便只能被辜负。

那段时间，钱父的公司在暗算别人和被暗算的风云之中一路飘摇，终于在钱千千高考前两周时，随着钱父的中风入院，正式宣告了破产。

祸不单行，钱千千的眼睛还没有恢复。裴仪没日没夜地耗在医院里陪她，为她读书为她讲题，拼尽全力想要挡住所有的消息，不让她在高考之前知道她父亲的事情。

而当钱千千终于在考最后一场的时候从朋友口中辗转得知这件事情，父亲已经去世了。

钱父中风之后单侧肢体瘫痪，趁医护人员不注意，从十七楼跳了下去。

她连送父亲最后一程都没能赶上。

那时候，他让她留下来，他说他会照顾她。

可是，她要怎么相信他。

六、千山踏遍

寂夜无声，寒星高悬。

裴仪在黑暗之中望着天花板，知道自己又失眠了。

隔着隔音效果本该奇佳的门板，他能清晰地听到客厅里挂钟秒针跳动时发出的声响，嘀嗒，嘀嗒，就像这三年之中的无数个夜晚一样，一声一声都敲在心上。

他把她带回了自己家。

从自己的房间，右转走四步，就是她现在所在的地方。

若非自己还没有丧心病狂到那个地步，他简直想把她非法囚禁起来。

那种患得患失的心情，他简直一辈子都不想再有了。

那一年她高考，最后一场考试，他甚至买了一捧她喜欢的满天星，混在家长堆里等考试结束。那时候他连见面的台词都想好了——千千，我来接你了。

只是，这样的期待最终随着考生和家长的接踵离开而慢慢变成失落，继而成了焦急。

直到夜幕落下，他都没有等到她。

他急得发了狂，发动了身边所有的人，查了附近所有的监控录像，几乎要掀了那座城市。

而这种担心，在他接到一条“安好，勿念”的短信之后，迅速发酵成了恼怒。

她轻飘飘的四个字，斩断了他们之间所有的联系。

那几天，他简直一辈子都不想再见到钱千千。

然而，他却也不可控制地开始整夜整夜睡不着觉，脾气变得一天比一天坏，却又总是在碰到与她同龄的女孩子时情不自禁地想要去帮一帮对方，总是在看到满天星或者豆腐雕花的时候无意识地出神。

尽管他的骄傲不允许他承认，但这一切都与钱千千有关。

这一切，都是因为她的离开。

寂夜如墨，裴仪起身，在落地窗前停下来。

夏天的夜风刮在脸上，竟也让他觉得有些冷。略略探头出去，望着隔壁客房被风不断带起又吹落的白色窗帘，他突然有些担心，把窗户开得这样大，她会不会着凉?

披件衣服走出去，他轻轻敲敲隔壁的房门：“千千？”

轻得太过小心的声音，在深夜之中显得有些清寂。

“千千？”皱皱眉头，他忍不住又敲了敲门。

钱千千睡眠一向不深，他不认为这样的敲门声没办法惊醒她。

心下一凉，裴仪破门而入。

夜凉如水，皎洁的月色投落在落地窗前的地板上，被窗棂分成了一格一格。

床上的被褥保持着前几天的模样，床单上连道折痕都没有。

窗帘在夜风中空寂地起起落落，将裴仪眼底映得一片寒凉。

“小宋。”打电话给助理，他的眉宇间不觉染上了一抹阴鸷，“把这栋别墅给我卖了，帮我买一套二十层以上的房子。”

“还有。”下一句话，裴仪的声音里几乎带了恨意，“帮我找一个人，叫钱千千。”

挂线，望着大大敞开的窗户，他的心底慢慢涌起一股深深的无力，潮水一般，将他生生淹没了进去。

3 年前他就想，钱千千大概是唯一一个他踏遍千山，也想要找回来的人了。

可他在春光秋晒里找了整整 3 年，她始终都是那个他踏遍千山也找不回来的人。

是怎样残忍的一个人，才会给他希望，让他失望，在他濒临绝望的时候又给他光，却再一次毫不留情地抽身离去。

裴仪从没有过这么糟糕的感觉。

无论承不承认，她对他而言都是一样重要的，与是否年少无关。而她留给他的痛，也与那年医生为她检查视网膜时的那声叹息一样——

到头来，竟然都是不可逆的伤害。

七、下落不明

以助理的办事效率，天色微明，便将目标锁定到了钱千千的朋友卢玥身上。

望着面前眼底阴霾一片的青年，卢玥推推眼镜，再推推眼镜，最终忍不住干笑一声打破僵持："裴总，我也不知道千千在哪儿。"

裴仪漂亮的眼睛危险地眯起来，温柔道："我还没问。"

"你……当我没有说。"卢玥乖乖闭上嘴。

"她在哪儿？"顿了顿，裴仪面不改色地开始数数，"三。"

卢玥一惊。

"二。"

卢玥眼皮狂跳。

"一。"

卢玥跳起来："你找我也没用啊！是她想躲你！"

"告诉我。"裴仪尽量将声音放缓，"三年前高考完，为什么她要一个人离开？"

卢玥苦着脸看了他半天，在心里天人交战一阵，还是决定和盘托出："我觉得，是因为她爸爸。"

裴仪微微出神。

"那段时间她又是做眼睛手术，又是父亲去世，我直到高考最后一天才在考场里遇到她，她看起来状态不错，我就想打个招呼安慰她一下，结果没想到……"卢玥小心翼翼地抬头看了眼裴仪的神色，咬牙道，"没想到，她根本不知道她父亲去世的事情。"

"所以我就想，一定是你不想让她知道……"卢玥干笑，"我那个时候就觉得自己闯了祸，想打个哈哈混过去却已经来不及了，千千又一直求我告诉她更多的事情，所以我……"

“所以，你就把所有的事情都告诉她了。”裴仪的指节有些无力地抵住眉心，“包括那些在网上看到的，关于钱家破产实际上与我父亲有关的谣言和小道消息。”

得知这个消息，再联系上他始终未曾将钱父去世一事告诉她，那些谣言，她大概是信了八九成。

彻夜未眠令裴仪的太阳穴隐隐作痛，转眼望着窗外将明未明的天色，他实在很想叹口气。

得蠢成什么样，才会别人说什么信什么。

卢玥尴尬地笑笑：“我不是故意的。”

“……带我去见她吧。”良久，他听到自己低低的声音。

——在熹微的晨光之中，深沉得如同一道斩不开的夜色。

八、我来接你

卢玥的房子带了一个小花园，旭日初升之时，万木朝阳，暖光斑驳，虫鸟啁啾。

钱千千只身坐在一片葱翠的绿意里，闭着眼睛朝向太阳，细瘦的身形温暖而慵懒。

裴仪在她身后驻足。

似乎察觉到了身后的人，钱千千却没有起身，只懒洋洋地伸了个腰，笑容清浅地向后靠到藤椅上：“不管怎么说，你能收留我真是太好了。我不会住很久的，等过几天裴仪找不到我也不想找我了，我就离开这里。”

裴仪静静地望着她的背影，没有说话。

“你一定很奇怪为什么我一定要离开他……其实，我也很喜欢他啊。”对着空气，钱千千兀自絮叨，“我那个时候实在是太傻了，又对别人的目光在意得要命，是有多蠢才会觉得别人会对我和裴仪有看法呢……如果有时光机的话，我一定要穿越回去告诉那个时候的钱千千，无论如何都不要离开裴仪，也不要让他难过。”

“不过现在说什么都没用了。”咧嘴苦笑，她努力将沉下去的语气提起来，“何况我现在眼睛也看不见……喂，你在听我说话吗？”

裴仪一愣，瞳孔猛地收缩。

“玥玥？”见身后的人迟迟不应，钱千千忍不住回头。

暖阳温润，倾城的日光在她周身流转不断，兜兜转转，却始终照不亮她仿佛无底的黑色眼瞳。

望着她无神的双眸，裴仪在原地立了良久，心情复杂地吻上她的双眼：“……怎么会没用？”

“裴……”钱千千为这突如其来的转折一怔，半晌没有反应过来，“你怎么会在这里……”

“千千。”

盛夏清晨的温暖光影里，她捕捉到他低沉的声音。

如同暖光里的低音提琴，温柔、缱绻、一丝一缕地，与三年前的时光点点滴滴融合到了一起——

“我来接你了。”

7
迟日

4月午后的阳光是雪亮的。

它把房屋和道路照得清清白白。

清的是房屋，白的是道路，

屋顶青色的瓦楞上有褐色的麻雀跳来跳去，

它们好像把凸凹相间的瓦楞当成了编钟，

企图弹奏出悦耳的乐曲。

然而瓦楞并不发音，这使麻雀大为不满，

它们叽叽喳喳地发着牢骚，一哄而起飞到

别处寻风光去了。

——迟子建

文 / 余珊珊

病

余珊珊，第十八届全国新概念作文大赛二等奖获得者。

没了泡咖啡的闲心，咕咚咕咚喝了碗凉水，惊奇地发现它也甘甜，也一样解渴。

装病没用，真病才会长大

小时候总是生病，高中后却没怎么病过了，于是装了一两次病，觉得若是浑身难受，满嘴牙到脚趾头都在打战，舌头和后背都在起疱，不思茶饭，没有胃口，全天下的苦难都附加在一个人身上，生不如死，也许能骗来妈妈多看几眼，或者让男友心疼地端茶倒水，自己可算当上回傲娇的小公主。

最近在煲汤，汤里有些中药成分的食材，一个人做，一个人喝，又想起了小时候。

那时总是发烧，母亲一下下地摸着我滚烫的额头，摩挲，有些疼，却又舒服，好像自己身体的疼，都顺着那一来一回被带走了。我那时就开始爱哭，不是大把大把地掉泪，是掉那么几滴，因为听到了楼下小孩子的嬉闹声，他们好像都有童年，我只有一个人的书。

我一边喝汤，一边想，若是我真的病了，翻来覆去睡不着，身边没一个人怎么办？可能会想起母亲摩挲的手掌，可能会想起她做的疙瘩汤，也许以后我给自己吃的都是意面和牛排，很少再记起那份家常，真的能勾出这些回忆的节点，总是要真的生病一次才记得住那份好吧，茕茕孑立、形影相吊，冰箱里有数十袋速冻牛排，都抵不过母亲亲手剥了西红柿，揪了面疙瘩做的红中带白点的汤。

很久以后，我再也喝不到那碗疙瘩汤的时候怎么办？也许我会相信那时的情人，希望他时时刻刻拥我在怀，用温纯和爱抚带走所有的疼，或许我们已经谈了一两年的恋爱，也曾有过羡慕死单身狗的所有恩爱桥段，可是我病了，一如既往舍不得他煲汤，他甜言蜜语说了一堆，却也不记得我特别爱吃又不是很贵的小菜，连烧杯白开水都得我自个儿提醒着关火，连个电话都没有，全然不像刚开始的两个月，因为生病，说不定会发现自己做了场春梦。

接着，那个时候就会明白，无人可望，不如豁达，疙瘩汤已是空想，情人怀抱早就落空，只有太阳还挂在窗外可看，没了泡咖啡的闲心，“咕咚咕咚”喝了碗凉水，惊奇地发现它也甘甜，也一样解渴。

默默看着被子上的影子明暗变化，这不是装病，是真生病，而且身边没有人看着你当公主，会垮吗？当然不会，你会扛过去，再扛过之后的很多病，从此之后——不怕独自上街、吃饭、苦、笑、天塌地陷，发觉独来独往，比和另一个人什么都绑在一起好了十倍。

但说实在的，我真不知道，那个时候，是不是真的长大？还是——老无所依……

汤喝完了，身边的人还在，十年和二十年以后，还很远很远……

所谓自由

上周，周周到了北京，约我出去见见，我们大约已经三四年没见过了，就约在我家附近。她自从分手后就不怎么用手机，后来索性停了机，卖了小米，联络人就用公共电话。我一如既往地路痴，稀里糊涂好不容易找到地方，准确来说，是我要朝另外一个方向走时，她在人群中认出了我的背影，拉住我的胳膊。我回头的一刹那惊呆了，好半天才认出来，这个又黑又瘦，除了眼睛简直就像个假小子的女生，就是我熟悉的朋友。我见她背着一个大背包，仅比我常背的挎包大一点儿，边上还挂着一个纯紫色的保温杯。

“你行李呢？”我尽量让自己的声音听上去不那么吃惊。

“就这些，你啥时候瞎了？”

好吧，就是这个人，毒舌张口就吐，这个程度已经够温顺了。

“你刚跑了十一个国家，东亚和南亚已经集齐了，300 天已经过去，结果你就这么一脸黝黑，背个小包出现在我面前，我要如何相信自己的眼睛？！”

“别煽情，别作诗，姐姐我现在就 86 斤了，你不心疼？”

“当然心疼，心疼我的票子，就为了对得起你的体重。”

我拉着她到了一家自助餐店，还算实惠。她一直在说话，没有停过，我一边听，一边目不转睛地盯着蛋挞位，等着食物被填上后赶紧抢五六个过来。

“我跟你说啊，我这几百天啊，周游列国，纵横四海，连上飞机票和签证，还有住宿，一共才花了一万块钱，你信吗？本来还想再去东南亚的，突然一下子觉得累了，特别累，就想回家，然后我就回来了。我得好好歇一段时间，下一次再出去，可能消失的时间更长，我要在未来的两年里，背包，就你看不上的这个包，把世界都走一下，然后我就静下心来开始做点儿正经事。我给你说，省钱啊，有各种各样的绝招……”

我建议她把这些都记录下来，写成一本书，一定很有意义，她呵呵笑了一声："那是你的做派，我可不行，你在家里百度加睛编也能搞出个环球之旅，我啊，就只适合亲自走走，寻找心灵慰藉。”

“亲，是jie，不是ji。”

“你看你看，你又开始了，还说我呢！”

她嘴里说的和当下正在做的事情，真是我梦寐以求的，走遍千山万水，不为赋诗不写歌，走着走着，时光就过去了。比起我这个跟个剧组就把那个城市所有的海都过一遍，发个自拍照到朋友圈，一天后又隐藏的人来说，她实在过得漂亮。因为她身上没有那份对存在感的焦躁，那份语言之外的淡然，实在打动人。

“我跟你说啊，特别神奇，我在釜山的街上，有人会找我要合影；我到了冲绳的海边，有老爷爷会请我喝清酒，你说这是为什么啊？”

“你说呢？一个姑娘，就背着这么小的包，估计都没钱洗澡，准备蹭蹭海水，像个叫花子，难怪有好心人可怜你。”

“那我为什么总会遇到好人呢？我老子总说街上坏人太多，要是可能的话，他宁愿我不出门。”

“因为你就是好人吧。”我咬着蛋挞说道。

今天看《新剧本》，突然想起早先看过的一个剧本《蝴蝶是自由的》，里面有这样的台词：“每个人的心里都有只蝴蝶，是把它永远禁锢，还是让它自由飞翔；每个人的心里都有个爱情故事，是勇往直前还是有所顾忌地放弃，自由与爱情，是一个永恒的话题。你有多久没有爱过人，你是否遇见到一个让你为爱情冲晕头的人，你是否还记得义无反顾、奋不顾身的感觉，你是否曾经以为这就是完美的世界，头发可以是假的，睫毛可以是假的。但是，感情是真实存在的。也许，若干年后，你不记得她的容貌，也许，你不会再爱上一个陌生人，也许，爱情是苦涩的，也许，回忆是痛苦的，但是，生活一如既往地流动着，感情是不会褪色的，蝴蝶永远是自由的……"

接着，我想起了周周。关于自由和爱情，她大概也有自己的理解。但我是真的佩服她，她做到了我做不到的事情。我也有同样的心愿，可是总觉得没钱，英语不好，没有时间，给自己找各种各样的理由，也许并没有那么难，只要肯出发就好。

我们大多数人总喜欢把自由的美好愿景规划在未来和远方，可是，这个世界上大概根本没有完整绝对的自由吧。周周在很多人看来，可能一无是处，没有稳定的工作，没有可靠的男友，但她最让我佩服的地方在于，她很清楚，生命如此有限，何不尽情享受那仅有的小小的自由。而我周围的很多人，一边抱怨着没有自由，一边抱怨着生活艰难，一边对能抓住的自由视而不见，一边又不肯对现有的生活付出努力。

其实，自由很简单，它也许就是一只彩蝶，我们很多人好高骛远地把它的品种复杂化了。

我不知道生命的尽头到底是什么，但我有自己的行走方式，我的工作也是如此，也许到了老得不能再老的那天，我想到这辈子，守护过初相遇，爱过想爱的人，做着想做的事，似乎没有过什么值得一提的成就，但也算享受过这平凡人生里小小的自由。

味道

我一直觉得，吃饭和睡觉，是人生最不要紧的两件事。直到有一天，爷爷过生日，请了一堆朋友吃饭，回忆属于他们那个年代的青春故事。服务员上了一大碗疙瘩汤，爷爷突然从他的回忆里抽离出来，说了一句，这味道做得还是不如我老伴儿。彼时我的奶奶在一旁，我看得出来，她因为爷爷的话只顾开心，也不管自己的高血压喝了不少酒略有生气，爷爷就那么看了一眼奶奶，然后继续讲他当年的故事，唱《青藏高原》。我记得奶奶那个时候的笑，其实爷爷唱歌总是抢拍子，虽然大家都为他叫好，可是真心配合爷爷的，只有奶奶。许是那天，突然明白了，其实最懂人心的是肠胃，也是从那天开始，我会很容易想起，每个陪我吃饭的人的瞬间。

人的恋旧最容易体现在食物上，因为人的肠胃需要稳定，才能给生活带来稳定。所以很多人会在下班的时候到同一家店，点同样的菜，日复一日。那些想要在家里做不重样菜的人们，最终也放弃了，因为总有一道菜让人念念不忘。几乎没有人可以抗拒这种诱惑，因为食物一旦通过胃肠抓住了你的身体，身体就不会把它遗忘。一碗家人做的加了几滴酱油的肉丝面，可以与满汉全席抗衡，靠的就是它已经占领了胃肠。熟悉的旧味道，这种熟悉很容易被忘记，但不容易被放下。有人踏遍千山万水，尝遍所有东西，才发现自己需要的，无非是那个在身体里存在已久的味道而已。

《深夜食堂》里面有个美食评论家，品尝美食无数，却挑剔无比，没有一家餐厅的食物能让他满意。他最后却在《深夜食堂》的一道黄油饭面前折服了，并不是黄油饭比其他美食更精美，味道更加醉人，黄油饭不过是一碗普通的米饭加上黄油，再滴上一滴酱油而已。只是因为黄油饭在最温馨的时候，抓住了他的肠胃。

两年前，我已经开始默默准备去日本，考研，有一个月，兜里就 800 块钱，我花了 200 买天津大剧院的一张票，便只剩下 600。那段时间买书更狠，所以留下的不多，每天吃什么都会算一笔账，以免透支。一个人走在大街上，看到一家日式料理店，窗口有个老人在吃乌冬面，她把漂在汤上的海带挑起来，卷在面条上咽下去，我忘了那天自己是什么样的心情，以至于觉得这个老人很性感，而非矫情，我记得她把手放在碗的两侧，因为冷而颤抖的身体才稳了些。也就那一天，我没有算口袋里的钱，进去了，一碗乌冬面，52 元，我一根面条一根面条地吃，很认真，那个老太太走以前，也在窗口停了一下，看了看我，也许因为我把海带挂在了脸上。接着一个老爷爷朝她走过去，手里拿着一袋烤地瓜，看着好像也有点儿生气，然后霸道地把她的手塞进自己的大口袋。我到现在都记得，那个老太太温暖的脸，还有两个人的背影。

刚来北京，因为找房子跑了好久，终于选定现在住的地方，也许母亲总以为我看上了房子的格局或交通的便利。其实，我只是因为来这个小区的第一次，走到一栋楼前，忽然闻到一种味道，它让我想起奶奶，让我想起童年里真正坐下来吃饭的时光，那种用酱油烧过的味道，在锅里闷了很久，打开锅盖它们就四散出来，从墙皮里钻出来。

我心想，那就选这个房子吧，这里一定会是个温暖的家。

文/许 航

迟日

许航，笔名："Pinkman"，内心总在狂笑的冷场王，容易感动，爱讲故事。第十八届全国新概念作文大赛一等奖获得者。

她把毛巾重新搭在了肩上，小心翼翼地打开了大铁锅盖，白茫茫的蒸气弥漫了她的双眼，老人眯起眼，闻闻汤的香味，又满意地点了点头。

“夏老医生，你慢慢走喽。”杨翠芳起身，缓慢地把夏老医生送出了这间由黄泥和破砖搭建起来的老房子。

“客气了，都是一个村子的，你这头晕不是啥子大事情，就是血压高了点儿，多喝点儿热乎水，别猛转身，莫事。再有啥子事情尽管找我。”夏老医生呵呵地笑着，挥手和杨翠芳告别。

杨翠芳今年已经78岁了，村里俗话说：“七十八，要挂花。”78岁是一个坎儿，能不能挺得过就要看自己的造化，这不，今天打早起来，杨翠芳就感觉头晕得厉害，还以为自己是到了大限了，连忙叫正要离家放羊的老伴儿顺路去找夏老医生过来给瞧瞧病。这夏老医生也有75岁了，是全村唯一的医生，谁有个头疼脑热、感冒发烧全都找他，用村长的话说，就是“夏老大夫没了，全村也就没了”。

夏老医生说莫事，那就莫事。夏老医生的话可算是给杨翠芳吃了定心丸，送走了夏老医生，杨翠芳就满心欢喜地走进了厨房，小心翼翼地把刚从地里摘下的最新鲜的山药切成小段，配上葱花、香菜和八角放到大锅里，加上水，盖上大铁锅盖，然后划着一根火柴直接扔进了灶台里，里面昨晚就放好的干柴“呼”地一下就燎着了。接着杨翠芳又不紧不慢地开始拉动着风箱，火苗一阵一阵地从灶台里蹿出来，杨翠芳又不慌不忙地从肩头拿下那条从未摘下过的湿毛巾捂住了嘴，心满意足地听着锅里的山药汤逐渐“咕嘟咕嘟”地开了锅，她又把耳朵贴近大锅认真地听了听，凭着多年的经验判断：汤已经好了。

杨翠芳又向灶台里看了看，昨晚准备的柴刚好烧完，干干净净的，全都化成了灰。

老人得意地笑了笑，无数层的皱纹在她脸上荡漾开去，她把毛巾重新搭在了肩上，小心翼翼地打开了大铁锅盖，白茫茫的蒸气弥漫了她的双眼，老人眯起眼，闻闻汤的香味，又满意地点了点头。

接下来她回屋拿来了一个粉色的有点儿掉漆的保温桶，缓慢而又小心地把锅里的汤倒进里面一部分，剩下的留在了锅里，重新盖上了锅盖。又往保温桶上面放饭食的地方放了两个白面馍馍，然后用劲把盖子拧紧，好让山药汤不要凉得太快。这是她每天都要做的事情——给放羊的老伴儿送午饭。老伴放羊的地方离家远，并且中午正是羊儿们贪吃的时候，根本不想回家，于是老伴儿每天的午饭就只好让她来送了。

杨翠芳慢悠悠地拎起了小桶，在筷子盒里找到了一把铁质的小勺握在手里，准备出门送饭去。

正当杨翠芳走到门口时突然想起屋里那 18 英寸的小电视还没有关，要回去的时候，院子的小木门被“吱呀”一声推开了。她回头只看见田二媳妇穿着一件大红的花衣服和一条紫得发黑的灯笼裤，急匆匆地迈着小方步跑了进来——这田二媳妇是村中有名的长舌妇，谁家有什么事，谁家的小媳妇和谁家的小白脸好上了，谁家的儿媳妇和老婆婆吵架打起来了，她都知道，久而久之就成了村里的“大明白”，什么事都知道。

杨翠芳是打心眼里讨厌田二媳妇的，所以看见田二媳妇走进了自家院子更是不高兴，爱理不理地问：“你来做啥子？”

哪知那田二媳妇倒是一副老好人的样子：“哎哟，老姐姐，你咋这副模样对妹妹呢？妹妹可是好心给你报信儿来了。”

“报信儿？”杨翠芳疑惑地看着田二媳妇，“报啥子信儿？”

“哎哟，老姐姐可莫声张哟——”田二媳妇夸张地做了个噤声的手势，“老姐姐哟，这事情可声张不得哟，来来来，咱们进屋讲。”

杨翠芳不耐烦了，没好气地道：“田二媳妇，你有啥子话就在这儿说嘛，我还有事。你姐夫还等着我给他送午饭呢。”

“哎哟——你还给那个负心汉送饭咧？”田二媳妇嗔怪地道。

“你说啥子？”杨翠芳以为自己没听清。

“我说——”田二媳妇提高了一个八度，“莫要给那个负心汉送饭喽。”

“田野玲！”杨翠芳生气了，“你咋能在我这儿瞎说你姐夫的不是呢，你莫是闲得瞎放屁了，平时我们一家子对你也够好了，为啥子还要瞎造你姐夫的谣？！”

“哎哟，我的老姐姐好不识相哟，”田二媳妇也不满意了，“我要是不知道的事，哪能跟你瞎说呢？我这好心告诉你，你还不领我的情呢。”

“啥子？”杨翠芳抬高了头，愤怒地盯着田二媳妇，“你姐夫那为人你不知道吗？还敢说你不是造谣？”

“哟哟哟，我好委屈哟！”田二媳妇急得直拍大腿，“老姐姐哟，我这可是亲眼所见哟！”

“瞎说，你看见啥啦？”杨翠芳嘴上这么说，心里却还是开始犯嘀咕。

“老姐姐哟，你听我说，”田二媳妇一副信誓旦旦的模样，“我刚才去村西小卖部卖鸡蛋，路过你们家地，正好看见你家我姐夫正在地里和那李老寡妇讲得欢呢，两人唠着唠着，我姐夫还笑盈盈了呢——”

“然后呢？你快说喽！”杨翠芳开始着急了。

“然后哟，我就看见那李老寡妇也笑了，还拍了拍我姐夫的肩膀咧，我看的真真的。”田二媳妇肯定地说，“老姐姐，我再多说一句，这是今天妹妹撞上了才看见的，那你说说他们两个以前……”

听到这儿杨翠芳才彻底慌了神，手里握着的小铁勺也掉到了石头地面上，发出了“叮当”的响声。“你莫说了田二媳妇，我该怎么办呢？你没蒙我吧？”

“老姐姐，你看妹妹这怎么说你都不信，还不如啊，你亲自和妹妹上那放羊地里瞧一瞧，那俗话不是说嘛，耳听为虚，眼瞧为实，你看咋样？”

杨翠芳心里犯难了，去吧，是对自己老伴儿的不信任，更何况这田二媳妇的话也不可信，不去吧，自己心里那女人的天性还只引得她蠢蠢欲动，思考了良久，她冲田二媳妇点点头：“去吧。”

“唉，”田二媳妇高兴地点头，“这就对了老姐姐，省得老是不信妹妹的话，还说我是瞎说。快走吧。”说着就去拽杨翠芳。

“你莫拽我先。”杨翠芳挣脱了田二媳妇的手，弯下腰捡起了掉在地上的小铁勺，“我的电视还没关。”

“唉——”田二媳妇无奈地摇摇头，“快去关了吧，老姐姐哟，你说你这省下来的供给谁花喽？”

“你这话差喽，能省一点儿是一点儿，省一点儿，自己的生活就快活一点儿不是。”杨翠芳絮絮叨叨地走进了屋子，认真地关了电视，还把屋子所有的地方都检查了一遍，这才放心地走出来和田二媳妇走了出去，出去还不忘把大门用两道大锁锁住，急得田二媳妇直跺脚：“老姐姐哟，你快快哟，一会儿人家可走喽。”

“好好，你莫急哦。”杨翠芳左手拎着小桶，右手握着小铁勺托着桶底，穿着一双10年前儿子给买的绣花小布鞋，急急忙忙地跟在后面。

“老姐姐，我跟你说哟，这男人，就得看管好了，要不……”田二媳妇突然不作声了。

“田二媳妇你咋啦？”杨翠芳正听得一半的话突然停了，她抬起头来问，却发现田二媳妇正全神贯注地看着什么。她顺着她的目光看去。

“李老寡妇？”

两人正好碰见了往回走的李老寡妇。

田二媳妇和杨翠芳对视了一下，杨翠芳先开口了：“哟，这不是李老婆婆吗，干啥子去喽？”

李老寡妇迎面撞上了二人，猛一抬头，吓了一跳：“哎哟，杨老婆婆——我这不是去地里转了转喽。”

杨翠芳怀疑地看了田二媳妇一眼，看得田二媳妇浑身不自在，只好出面：“哟，李老婆婆，我怎么听说你还去那放羊地里溜了溜哟？”

田二媳妇话音刚落，只看那李老寡妇浑身一激灵，话都说不明白了：“哎哟，我……我这不是……不是路过了那放羊地嘛，然后……然后……还碰到了……邓老大哥……说了两句。”说完了话，李老寡妇就把头垂了下去。

听了这话，杨翠芳彻底呆住了，愣在那里一句话都说不出来。倒是田二媳妇得理不饶人，咄咄逼近：“哟，李老婆婆，这地里和放羊地可离得好远喽，这恐怕是故意拐去的吧？”

“我……我……”李老寡妇的脸红到了脖子根，说不出话来。

越是这样，田二媳妇就越高兴，因为这就证明她没跟杨翠芳瞎说，气势也就越发地大：“李寡妇，那你往人家男人那儿跑什么啊？啊？这孤男寡女的，可说不准什么喽！更何况你还……”

“行了，行了。”杨翠芳在一旁拽田二媳妇的衣服角，打断了她，“田二媳妇，咱回去吧，别闹大了，啊。”

“那怎么行？”田二媳妇可真是要证明自己，“老姐姐，可不能放过这老狐狸精！”

“你说谁老狐狸精？！你个小贱人莫给脸不要脸！”田二媳妇的话戳中了李老寡妇心里的痛处，李老寡妇也被激怒了。

“就是说你老狐狸精！”田二媳妇越发嚣张，“怎么着啊？自己做得不叫别人说得？！”

“你个贱人！遭天谴哟！”

“放屁！再说我搞死你哟！”

“行了！够了！”她们的争吵终止于杨翠芳的一声大吼，杨翠芳死死地拽住田二媳妇的袖子，不住地摇摆，眼看眼泪就要下来了，“田二媳妇，我求求你，咱别闹了，回去吧……”

田二媳妇可是个聪明人，她也就是吵吵架充充胖子，她知道这样下去只会引得两边记恨，而现在收手正是恰到好处，她回头对杨翠芳应允地说：“好好，老姐姐你别生气坏了身子喽。”又回过头冲李老寡妇大叫，“你个老狐狸精，今天要不是看在我老姐姐的面子上我定不饶你！”

田二媳妇说完话就拉着杨翠芳匆匆往回走，只留下可怜的李老寡妇在那儿破口大骂：“你来啊！老娘才不怕你！老娘倒要领教领教！”

回去的路上，田二媳妇仍没忘了此行的目的，得意地冲杨翠芳说：“你瞧啊老姐姐，妹妹说的话可是真真的莫骗你哟。”

杨翠芳只是看了她一眼，什么都没说。

少顷，两人就行至了杨翠芳的家门口，田二媳妇见杨翠芳脸色不对便知趣地告辞：“老姐姐哟，你看这事情闹的，你自己和姐夫好好处理吧，你看这饭也没送成，都怪那老狐狸精哟，你好好休息咯，妹妹告辞了。”

杨翠芳依旧没说什么，只是点点头。

田二媳妇说了话就迈着小碎步，扭着那肥胖的腰身匆匆忙忙地走了。

杨翠芳看着田二媳妇走远了，看了看手里的小桶，摇了摇头，没有去开自家大门，而是走向了前院的大儿子家。

大儿子前些年种花生发了笔小财，把这大门都修得相当气派，镀金的把手，漆黑的大门，庄严的大顶，使得杨翠芳每次来都要先在门口“啧啧”好一阵子。

不过今天杨翠芳却没有一点儿心情欣赏这气派的大门，而是直接叩响了镀金的大把手。

“乖儿，乖儿，开开门哟，是老娘。”杨翠芳边敲门边冲里面喊着。

不一会儿那漆黑的大铁门就被缓缓地推开了，但开门的却不是大儿子，而是抱着孩子的大孙女小惠。

小惠见了奶奶，先是惊讶地“哦”了一声，紧接着又立刻换上了假得不能再假的一副热情模样：“奶奶哟，快到屋里坐坐。”

杨翠芳迎着孙女那张虚情假意的脸摇了摇头，然后轻轻地把装着山药汤的小保温桶递到了孙女手里：“小惠哟，奶奶今天这身子骨不舒坦，不想走路，可你爷爷那边还等着送饭，奶奶走不动喽，小惠哟，今天你帮你爷爷把这饭送去吧，好不？”

杨翠芳话音刚落，小惠一下子就变了脸色，好大的不情愿，但还是应承着：“好好，你给我看家喽，给我。”说罢就一把从杨翠芳手里抢过了小桶，杨翠芳措不及防地向前踉跄了几步，小惠看都不看，拎着桶就要回屋去开她那辆小电动三轮车。

“哎，小惠哟，”杨翠芳连忙冲小惠大喊，“这还有个勺子，可千万别忘喽——”

“知道喽知道喽，可别啰唆。”小惠满脸懑愤地推着三轮车走了出来，凶神恶煞地从杨翠芳手里一把抢过小铁勺，“你看屋子去吧。”

“好好。”老人欲哭无泪而又无奈地点了点头，目送孙女那肥硕的身躯坐上那辆看样子完全禁不住她的小车，看着那远去的背影喃喃道，“你可小心着骑车子哟。”

就在等小惠回来的这段时间里，杨翠芳根本都没踏进他们的屋。她不想进去，里面的富丽堂皇让她喘不过气来。

她只是用嘴吹了吹门槛子，就一屁股坐在了上面。使劲地睁大眼睛，想要把眼角的褶子撑开，最后，她失败了。她用手捂住眼睛，泪已湿了眼眶。

老伴儿为啥子这样对我？杨翠芳心里委屈得很。记得三十年前，半夜一家人都在熟睡，突然外面的三只公鸡和两只母鸡都齐齐地叫了起来，可是这叫声只惊醒了睡眠从来都不深的杨翠芳，她还以为是来了黄鼠狼。“他奶奶的。”她边咒骂着这可恶的畜生，边下地提了鞋，拿了一支手电就走了出去。杨翠芳站在里屋门口，打开手电顺着那黄莹莹的光亮看了过去。

哦哟！这哪里是什么黄鼠狼！分明就是偷鸡摸狗的偷摸郎！光亮打在了那人脸上，那人先是一惊，随即看了过来，发现是个手无寸铁的女人，脸上顿时写满了不屑，恶狠狠地把鸡扔了回去，咬牙切齿地走了过来：“老娘们儿，找死。”

杨翠芳早就被吓得呆在了原地，等那小偷走近了才发现，那小偷手里拿的，分明是明晃晃的菜刀哟！

“啊——”杨翠芳又被吓了一下才知道逃跑，拼了命地向后跑去，不料却跑到了后院子里，四周都是墙，走不得了。

这时这小偷就追了过去，不由分说就一刀砍了下去——

“啊——”杨翠芳闭上眼睛大叫。可是她发现这叫声好像不是从自己嘴里发出来的。

她睁开眼，只看见小偷满脸痛苦，跪在地上动弹不得，他的身后，老伴儿正死死地钳住他的手，刀子落在了地上，而老伴儿的手腕上，一条鲜红的伤疤正汩汩地流出血来。

“老邓——”她恐惧地叫，好像汩汩流出的鲜血是从她身上流出来的。

而老伴却好像一点儿也不疼，还脸色苍白地冲她笑了笑：“孩子还睡着，快去村部找村长。”

后来杨翠芳磕磕碰碰地跑到了村长家，村长带领着几十号壮汉赶了过来，把小偷带走了，而老伴儿，却一个踉跄倒了下去。但好在村子里有夏老医生，老伴儿只是失血过多，并无大碍。只是胳膊上的那一道疤痕，令人触目惊心。

“老邓哟，你好糊涂……”正当杨翠芳陷入对往事深深的回忆中时，小惠粗野的嗓音响了起来。

“奶奶哟，我回来了哟，你咋不进屋咧？”杨翠芳睁开眼，看见小惠那肥胖的身躯正费力地从车子上跳下来。

“哦哦，你回来了。”杨翠芳小心翼翼地起身，拍了拍屁股上的土，“奶奶莫进去，你给你爷爷送去了？”

小惠点点头：“是，奶奶你这就回家？”

杨翠芳知道这是孙女在给她下逐客令，便知趣地点头：“是啊，你在家吧，奶奶回去了。”

小惠一直拉得老长的脸终于有了一丝喜色：“好嘞，那奶奶你慢慢走哟。”

杨翠芳点点头，头也不回地走了出去。

杨翠芳回到家里，没有窗户的小屋显得冷冷清清。她扭亮了电灯，打开了电视。坐在床上，掖了床被子，开始无聊地转着县里的几个电视台——她家的电视只能收到这些台，而前屋的大儿子家，可以收到一百多个台。

台里播的净是些卖假药的广告，杨翠芳看着看着，就迷迷糊糊地闭上了眼。

不知过了多长时间，反正杨翠芳被羊叫声吵醒睁开眼时，电视里转播的《新闻联播》已经开始播片尾曲了。

是老伴儿回来了。

杨翠芳走了出去，果真是老伴儿，他背对着她认真地把羊羔们拴到柱子上，丝毫没有注意到杨翠芳，杨翠芳也没有惊扰他，就在黑暗里静静地看着老伴儿。

老伴儿系好了羊，又仔细地检查了一遍，才慢慢回过神来，正好对上杨翠芳的视线。在四目相对的时刻，老伴儿却像是受惊的小鹿一般收回了目光，略有不安地开口道："啊哦，老婆子，我回来喽。"

她不想问，可女人的天性使她最终没有忍住。杨翠芳刚想开口，却发现自己的视线早已模糊了。

她强忍住了喷薄欲出的眼泪，努力地开口道："你这下午做啥子去了？"

"啥子？"老伴听了她的话，迷茫地答道，"我一直放羊羔子呢。"

杨翠芳又一次忍住了眼泪："你瞎说，你说，你一下午都在放羊羔子，那咋还有人瞧见你和那李老寡妇眉来眼去？"

杨翠芳的话让老伴儿吃惊地看了她一眼："你咋知道咧？"

"哼，"杨翠芳恨恨地说道，"你好恶心哟，自己做得还不叫人说得咯？你说，到底咋回子事情？"

"哎……"老伴儿长舒一口气，无奈地摇了摇头，"本来不想告诉你的，可你都知道喽，我就告诉你好喽。"

"到底咋回事？！"杨翠芳的眼睛已经憋得血红，她再一次把眼泪忍了回去。

"老婆子你莫生气，你听我说。"老伴连忙安慰着杨翠芳，"是误会的一档子事情。"

"是这么回事，"老伴儿开了口，"这不，今天中午的时候我在那片放羊地里放羊了吗，突然就看见李老寡妇慌慌张张地跑了过来，我忙问她怎么了，哪知道她却对我说：'不得了喽，你家我嫂子这么大岁数红杏出墙喽。'我连忙问她是咋回事，她说，'我刚才打从你家门口过，看见哟，你家我嫂子正和那夏老医生在屋子里待着喽，那夏老医生还给嫂子把脉，哎哟，这臊人哟……’我听到这儿赶忙就朝她解释，告诉她夏老医生是我给请去瞧你的病的，还赔了两声笑，毕竟人家好心给你报信儿不是，然后她也乐喽，拍了我一肩膀头子，说，‘你这老头子心可真大哟……’然后又闲唠了几句，她就走喽，老婆子哟，你瞧瞧这事情闹的……”

杨翠芳呆住了，她再也忍不住了，拼命地朝老伴儿跑过去，死死地抱住他，任老泪纵横。

文 / 杨一欣

潮涨莺飞

杨一欣，目前就读于浙江省乐清市中学。第十八届全国新概念作文大赛二等奖获得者。

这时候总会有几只豆雁忽然“嗖”地坠落，带着一缕浑浊的潮气，往湿润的地上压出一丝细腻而又恐慌的声响。多年之后想起这经常性的一幕时，我的下肢仍会有一种滞涨而又消极的感受，仿佛带着黏稠的春天气息，同化在快速增长的春意盎然之中。

南方的春天越加潮湿了，这是我十几年前刚来到这儿时的判断。那时我还青春年少，渴望记录下一切生活的真实。但每当我重复一次心中的愿望，都会有一批豆雁慌张地从我头顶的天空飞过，然后扇动着被潮气打湿的翅膀，不合时宜地画着它们成谜的曲线。这时候总会有几只豆雁忽然“嗖”地坠落，带着一缕浑浊的潮气，往湿润的地上压出一丝细腻而又恐慌的声响。多年之后想起这经常性的一幕时，我的下肢仍会有一种滞涨而又消极的感受，仿佛带着黏稠的春天气息，同化在快速增长的春意盎然之中。

现在十几年过去了，我的岁数一直增长，但我所处的潮湿却一成不变。只可惜在这十几年中，我的记忆仍旧一览无余地单调，丝毫没有我所要寻找的真实。我现在所工作的地方是一家旅行社，也提供住宿，一张地图卖十块，住一晚八十二块七毛，没有开水。至于房费为什么要精确到个位数，我也不知晓。因为我所知道的只有这么多了。对于这十几年的记忆，我的回忆始终处于一个断档的区间，我不知道这家旅行社是谁的，也不知道自己为什么在这儿，只是日复一日地盯着旅行社门前的水杉摇摇摆摆，静悄悄地看着树干里的蠹蛾一只只爬动在老得足够的树枝上。它们往往是前赴后继地从树心里探出自己的脑袋，然后翻动身子斜跨出大约 3.5 厘米或 3.4 厘米的距离，如此一步步，跨遍了整个树枝，也跨遍了我的每一天。我的日子始终在一片潮湿的触感中观测蠹蛾，然后走向开始又走向结束，以至于自己回想昨天又是同样的场景，这不免让我怀疑起十几年来自己的真实经历。然而这种纯粹的贯穿更像是一种具有哲学意味的重演，只是我自己没法推演出结果。因为我始终存在于旅行社中，也始终栽在一团难受的潮湿里。

今天下雨了，这比长久讨厌的潮气可喜些。我喜欢它的直接，以至于让我不用再笼罩在一如既往的黏稠中。我看过一本杂志，说人的难受就是陷在黏稠的试管液体里。那种具体的液体名称我忘了，我到了现在记忆就是这么坏，长久的回忆里贯穿到底的线索都是一片春天的沼泽式气候。而不单回忆里如此，连眼前看的似乎也是永远如一的天气，仿佛世界永远停在了黏糊糊的春天。为了不让大脑被潮气沾染，我一遍遍背着我仅记的“旅行社，也提供住宿，一张地图卖十块，住一晚八十二块七毛，没有开水”。

在大雨的翻滚里，我的默背声忽然被一声“吱呀”的声音打断了。我抬头一看，旅行社的招牌旁已经站了一个穿着红色毛衣的女孩儿。她的脸颊瘦巴巴的，但形状却像极了一颗干瘪的苹果。她正在不停地朝柜台这边张望，神色里透着着急却又带着一丝狡黠的沾沾自喜。她看我无动于衷，突然拎起手中的袋子，笑嘻嘻地朝我走过来。我看着她走近，心中猛地响起一个声音——“小红，苹果。”在恍惚之间，我忽然想起了一个遥远的关于苹果的隐喻。她看我略有出神，重重地拍了拍我的肩膀，像一个熟人一样问道：“你咋啦？”

我说：“我没有事。”

她听完忽然咧嘴笑了，像是我说了一句极为幼稚又引人发笑的话。但是她没有对她的笑进行补充，而是笑嘻嘻地问：“你好咧，我向你问个人。”说完她又自顾自地从袋子里掏了很久，过了好长时间才捏出一张皱巴巴的纸片。她小心地将它递给我，然后问道：“您看看，认识这个人不，他是你们这儿的。”

我看见那张纸片上歪歪扭扭地写着“刘木东”三个字，横七竖八的，让人疑心写字者的居心与诚意。我看到这张纸片有一种熟悉的感觉，但我并不知晓刘木东是谁，于是我只好抱歉地摇头。女孩子干瘪的苹果脸让人想要在里面充水，这是我第一次感受缺水的欠饱满性。在这种分析之上，我模糊地将她和一个长久的苹果性隐喻连接在了一起，但这种突围而出的独立思考仍旧带有满满的潮湿味道。忽然，她的嘴角露出一丝冷笑，一下子踮起了脚尖，飞快地朝我身上抓来。我还没反应过来，她便捏住我的衣服。“你自己看看，”她说，“你看你的衣服，哼，你就是刘木东。”

我顺着她的手臂看下去，发现她拽着的正是我的衣服。而我衣服的正中间是一个卡牌，上面写着一排字——“服务员刘栋”。我在这时才忽然意识到自己始终穿着一身制服，而我的名字原来也荣幸地被标在衣服之上。想到这儿，我觉得这个奇怪的女孩儿是搞错了。于是我告诉她，我的名字是“刘栋”，但小纸片上的名字写的是“刘木东”，两者不是一个人。说完，我又捏起那张皱巴巴的纸片，坚定地将那行歪歪斜斜的字迹指给她看。她看着看着，干瘪的脸上忽然泛起苹果的红透，像是一种带有红色素的潮润空气将脸颊染红了。她瞧我盯着她看，露出一份羞涩而又大胆的笑容，顺便晃了晃她干瘪的脸庞，说道：“我叫小红，我就是来找人的。这个人叫刘木东，他以前是我的男朋友，现在不是了。我是说，以前是过。但我不喜欢谈恋爱，是他追的我。我的意思是，我对爱情很单一。所以他现在想当，还可以是。”

我被她语序混乱的话语弄得愈加恍惚。原来她真的叫小红，我想。

说着，她拿出了一个苹果，上面透着光滑的色泽。她自顾自地说：“我和他都很喜欢吃苹果，但是绝对不吃蜡苹果。因为什么呢？因为那些蜡含有多环芳烃和稠环芳烃。他是从北方来的，但我第一眼就喜欢上他了。他喜欢吃苹果，吃苹果都要和我一起吃，特别喜欢我吃一口他吃一口。但是，他有个毛病，就是喜欢用冷水泡苹果。等泡软了，再一边吸收水分一边吃掉。我们每吃完一个苹果，就去厕所做一次爱。因为什么呢？因为他说他特别喜欢那种潮湿的感觉。每当我们在厕所摇摆的时候，我都感觉整片水汽都在向我们靠拢，最后化成一盏明亮的灯。但是……”她说到这里突然开始悲伤，“他不见了，他离开了我。”

说完，她又不由自主地捂住脸庞，像是在遮蔽一个泛水的干瘪苹果向外流淌它那微少却又充满激情的流液。“小红，苹果。”我在心里默念。此时，我记起了一种潮润的念想，仿佛是一片杂乱的水汽忽地聚合而成。那是一层迂回的楼道，角落里都散发着潮湿而又不够干脆的味道。我就在一层层环回的楼道里走坏了自己的下肢，然后带着湿润的潮气撞向一种熟稔的饱满。那是遥远的事情了，但此时我的记忆忽然在空当之中找出了一份真实。我仿佛记得我就在一份白色的湿润中结束了自己的快乐，然后“嗖”的一声配合着果香飘扬，跌倒在一片潮湿之中。我在此时明显而又肯定地记得，潮湿对于我的年少一定带来过难忘的印记，以至于我始终环绕在春日的骚潮之中。想到这儿，我发觉我和那个刘木东似乎有着相互的呼应。我很高兴自己能够找到丢失的真实忆记，即使是一种零散的碎片。小红望了望我，红着眼睛接着说道："我相信你就是刘木东，我知道你就是。你别不承认。"说完，她揉了揉眼睛，把胸脯前的苹果推给了我。她的胸脯比她的脸庞饱满多了，有着不容置疑的坚挺。

然后，她就走了，奇奇怪怪地不带一点儿预兆和声响。只有雨还继续下着，水杉的躯干摇晃剧烈，好像要借丰润的水将蠹蛾彻底清除。我把苹果泡在冷水里，因为旅行社没有热水。

连绵的雨连续下到了第二天。我喜欢这种干脆的继承，继而愈加讨厌春潮的黏黏糊糊。我仿佛在雨水之中找到了记忆中真实的片段，这是我最为欣喜的事情。昨天的回忆没有消除，而是彻底地留在我的脑海里，并伴随着小红的叙述，我想起了许多模糊的印象。我仿佛在一片潮湿之中看见了一种新的概括，并贴合着一切我所遇见的线索，往从前和未来指引。在这片可庆的改变之中，旅行社的门被"吱呀"推开了。我一抬头，看见旅行社的招牌旁已经站了一个穿着红色毛衣的女孩儿。她的脸颊很丰腴，但形状却像极了一颗饱满的苹果。她正在不停地朝柜台这边张望，神色里透着一丝狡黠的沾沾自喜，却又带着一份着急。她看到我，迅速地抬起她的双腿向我迈开。这个动作让她的胸脯抬了一抬，但是仍旧没法使原本干瘪的胸脯变得立体太多。我发觉她就是昨天的小红。

可没想到她一过来，便主动说道："你看我很像昨天那个人吧，但其实不是，我是堂姐，我是小红的堂姐。"她说完肯定了一下，然后停顿了片刻像是在思考什么。接着她忽然恼怒起来，"我告诉你，昨天小红来找你，是因为太想念你了。我知道你就是刘木东。"说着她瞧了瞧我身上的牌子，说，"她因为你走了，难过得不得了。连最喜欢的苹果都吃不下去了。我知道你们的事，你也不用隐瞒什么。我只想说，你应该对她负责到底。女孩子东跑西跑找你不容易，我也为她担心。你以前很爱泡冷水吃苹果，后来喜欢泡热水；以前喜欢潮湿的空气，后来闻到潮湿的空气就作呕。刘木东，我感觉你是变了。你对小红的感情难道也有这种无趣的改变吗？我知道你们已经很久没做了，难道你对她真的一点儿都没有感觉了吗？"说完她皱着眉头瞧了瞧我的下肢，露出一份轻薄的鄙夷与猜测。

迎着她的目光，我的下肢突然颤了一下，仿佛在绵延的潮湿中得到了一种熟悉的突破。我的脑袋里突然闪过那些弯弯曲曲的楼道，并且顺着楼梯向前推，我好像看到了一个破败的厕所，墙上布满了坑坑洼洼的裂痕与水珠。我就在一口一口的苹果中感受到了冷水的冰凉，然后极大程度地挥洒了对于冷度与潮气的喜爱。这在现在是不可想象的，因为我是如此讨厌潮湿。我缓缓地摇了摇头，道："我不是刘木东，我不是，他的一切表征都和我不相符合。你刚才说的那些话在我听来想到的完全是另一番景象，我和这个人没有任何关系。"

堂姐听着我的话不发一言。只是盯着我泡在冷水里的苹果，过了好一阵才道："不要吃打了蜡的苹果，因为上面有多环芳烃和稠环芳烃。"

说完她也奇怪地走了，胸前的果实依旧干瘪而不能随着动作的摇摆凸出少许。我在大雨的沉闷声中陷入了对于刚刚捕捉的记忆的追寻，因此我并未注意她出门往哪儿走了。我相信我已经得到许多在这十几年间零零散散的碎片画面，我需要把握好它们。

于是就这样，我沉入了对记忆的探求，我相信我终于找到若干真实的画面。在晚上，旅行社的水龙头忽然淌出了滚烫的热水，这让我分外惊奇。因为在我脑海中的那句话表示，这个旅行社没有热水。但是我还是惊喜地将泡着的苹果换到了热水之中。这些天的经历不再是以往的一成不变了。门前的蠹蛾在雨水中早已不见了踪影，而成块的回忆又开始真切地储存在我脑中，我相信我即将要搜索到失去的记忆。十几年的生活终于要开始真实起来了，在润透的旅行社内，我忽然想到了什么。

第三天的雨即将停了。旅行社果然又走进一个女孩儿。她的脸部干巴巴的，穿着一件红色的毛衣。我一看见她便欣喜地跳了起来，跑到她身前。"我知道了，"我急切地说，"小红，我就是刘木东啊！我想起来了。你前天刚进来的时候说的故事，其实就是我和你的故事。但是我的记忆被遗忘了，我想起的都是我后来的故事，包括冷热水的替换以及对于潮湿的喜厌，都是相反的。昨天你堂姐来了，她说的故事都是后来的，但我想到的却是从前的，也正好相反了。昨天我想了想，发现我只是正好反了而已。我肯定这就是我十几年真实的回忆，谢谢你让我找到了这些。”说完我着急地摸了下手掌，又欣喜地表现出一种侦探式的溯源喜悦。我很高兴我的回忆终于被找回了。

“可是，我骗了你啊。”小红轻轻地说着，她的嘴角轻轻地弯了一下，“我根本就不叫小红，我也根本没认真和你说过事情。我同你讲的故事，都是我瞎掰的。也没有什么堂姐，她说的故事也是我瞎掰的。根本就没有什么刘木东，我只是和你说着玩的呀。”

我的下肢在这一刻颤抖了起来。我在此时才真正发现，我所滞涨而又消极的下肢其实更应该叫作下体。它伴随着潮润黏湿的空气，一如既往地暗示了自己的无能。雨停了，门外的水杉忽然明朗了起来。小红捏着她的袋子，甜甜地说：“还有，我要住店，你们这儿是有住的吧？”

“住宿八十二块七毛。”我说，说完我又补充了一句，“没有热水。”这些话好像是我唯一能够清晰记起的话语了。但在一片湿润里，它诡异地伴随着小红的回答撤销了从前脑海的一切清晰。我面前那泡在热水里的苹果兀地裂开了一道口子，我忽然记起了从前在杂志上看的关于人泡在液体里的结论，那种液体的名称是福尔马林。而此时这个苹果又惊人地扮演了和它类似的景象。但我忽然有些不相信眼睛了，正如我越来越不信赖自己的大脑。我只能知道它的上面飘荡着多环芳烃和稠环芳烃，其他的一切追忆，全都是疑似真实的否定。

雨下完了之后湿气不再干脆，旅行社的地板展现出可厌的潮湿。水杉上的蠹蛾又一次出现了，前赴后继地从树心里探出自己的脑袋，然后翻动身子斜跨出大约 3.5 厘米或 3.4 厘米的距离。远处的天空传来一阵鸣响，像是庆贺这份细长如丝的潮意。春潮估计快涨了，成群的豆雁再一次湿湿重重地翻飞而来，它们的每一片羽毛上似乎都有着潮湿的忧伤。但这一次它们不再坠落，只是呼喊着愉快的春意来表现自己的全部真实。水杉上的蠹蛾配合着密集的声响变成了簇拥的苹果，光泽可爱，果皮上闪动着多环芳烃和稠环芳烃的光彩。

8
上海纪行

今夜我不会遇见你，今夜我遇见了世上的

一切，但不会遇见你。

——海子

文 / 何亚鸽

人知，魔都繁华。却知，魔都情深？

何亚鸽，九零后尾巴，双子座。喜汉服爱 Big bang。隐性精分患者。就读于焦作市第一中学。第十八届全国新概念作文大赛二等奖获得者。

我们都说，十九届再见。不是因为不甘，而是这是我们最深情的表达。

华灯未灭，人已归途。

回想这些天的日夜，怅然如梦。我重生一般回首十八届，如回首前生过往。想起纪行还没动笔，点开 word，将这一份想念寄往数百里之外。

1 月 26 日。

提前一天向班主任请了假离校，早上睁开双眼看到自己卧室的陈设。哦，原来不是梦啊。

从在学校投稿，到同学告知入围，一切都在意料之外。自己从未想过会参加十八成人届复赛，未想过今年会去上海，未想过会认识这样一群伙伴，拥有这些如梦的过往。

早早到达郑州站。在郑州站附近吃饭、购物来消磨时间。

回到火车站等候厅，人群熙攘，声音喧嚷。

时间不愿意似的挪得很慢很慢。此时的我竟有一丝失落。偌大的空间，除了妈妈，无一人与我有丝毫关联。我仿佛只身一人，独自坐着等待火车，周围的一切都是安静的。

用手机和群里的伙伴联系，大多数人上午已经到达上海。这让还在等待不知何时进站的火车的我心中有些焦急。

火车终于进站，和妈妈一起寻找自己的位置。

19 下铺，20 下铺。

突然意识到自己还在郑州，距离上海还有七百多公里。好想去死。

漫漫长夜需要在这列 K154 上度过。读书、聊天、玩手机，自然成了打发时间的常用方式。

1 月 27 日。

6：10 分左右火车进站，到上海站。紧接着乘坐 4 号地铁到镇坪路，再转乘 7

号地铁到静安寺站。

出了地铁站首先抵达巨鹿路，站在逸夫门口望上一望，心里踏实了许多。

好后悔没有联系阿青哥，他住在海友。虽然之前已经找好合适的酒店，但听到前台小哥告知满房时，我是崩溃的。

就近找到了“格林豪泰”。距离逸夫也近，挺好。

一进酒店房间就和伙伴们联系，大多还在酒店或者是在吃早餐。突然想起虽和他们在群里聊过几次，可基本上还是性别不分，真名全无。就连同在一所学校的小白学长也未曾碰面。这让我陷入深深的不淡定之中。

由于自己的疏忽错过了和大家第一次见面的机会，好在联系上阿青哥，随着第二批一起去逸夫。路上又联系到了学长，约定好在逸夫门口见面。

队伍终于到了逸夫。见到了学长，以及他身旁的男生。“这是溪耕同学，李溪耕。”学长介绍。三人一起排队等待进入考场，其间看到逸夫主楼门口上方“第十八届”的红色大字，心里不免兴奋。

找到自己的考场 403，寻找自己的座位，第一排，中间。

开考前见到了亦然，见到了在十八届群里因狂发英语语音引起公愤的汉庭。

监考老师发了卷子。一张题目，两张演草纸，以及四大张格子纸。

用混乱的脑子腾出一点儿空间思索提纲，开始动笔。

直到写完交了卷出了考场，脑子里还在打昏。室内外空气的温度差让我逐渐清醒，自己为什么要写最操蛋的小说呢？为什么为什么为什么？

时间快结束了，学长和李溪耕也交了卷出来。在逸夫门口又遇到了芦地，四人一起等待其他伙伴。

终于凑齐了八人。八人一起商量去哪里，干什么。最终由最靠谱同学李溪耕带路。

我们试探着能否进上海作协看一看，当门岗叔叔答应时，八人无不压抑着自己想要尖叫的心情。我们小心翼翼地，生怕打扰到这里的作家，甚至想象如果被哪个评委得知是不是自己刚刚写完的卷子会被无情地直接 pass 掉。结果当然不是这样。

我们拍照留念，最后来了一张大合影，离开了这个承载无数人梦想的地方。

我们一起吃饭，聊天。从作文的原题到提纲，从作文本身到新概念，再到写作。话题神奇地牵连变换，以至于后面的话题都有些记不清了。大家畅谈着一切想要分享的内容，无不尽兴。当然，心里还充满着对刚才作文的些许或是无尽担忧。

接着我们换了场子，去天天周末玩桌游。唱歌，打牌，从天黑请闭眼到真心话大冒险，再到谁是卧底。

夜晚降临，顺路的人一起回酒店。我和芦地一起漫步在潮湿的巨鹿路上，灯光暗淡却也清晰。又是一次彻谈。

回到酒店回想这一天，奔波的劳累和相遇的欣喜充斥着整个夜晚。多么希望时间别那么匆匆离去，好让人完完整整地欣赏魔都的夜。

1月28日。

大家都已起床，期盼着下午3点的活动。洗漱饭后收拾了东西便和妈妈出去了。并未去上海著名的景点逛，相反，只是在酒店附近的延安中路、巨鹿路、淮海中路溜达着。

看着路旁高大的梧桐、路边精致的小店以及街上的行人，或微笑，或焦急，大多面无表情难以看出悲喜。生活在这样大的城市，活在自己的小世界。他人不懂，也无所求。

吃了午饭，和妈妈一起前往肇嘉浜路，看着眼前之前见到过图片的青松城。嗯，就是它了。

进入大厅，已经有很多人在等候。见到了芦地、明弃，没一会儿小白学长也赶过来了。

四人一起来到一楼，随着人流进入黄山厅。学生、家长都聚集在此，大家再次进行着畅谈。时间离下午3点越来越近，人已经到齐。厅内的温度不断升高，心里无比焦躁。所有人都在耐着性子等待结果。

“《萌芽》官微上名单出来了。”

不知听谁这么一声喊，大家连忙掏出手机刷着微博动态寻找名单。

事无完事。有人欣喜，也有人失望，但选择全由自己。

飞机落地，感受身旁熟悉的气息，我已经回到了家乡。意识模糊，几小时前的场景被丢在遥远的上海，只带走一片片零碎的记忆。

我们都说，十九届再见。不是因为不甘，而是这是我们最深情的表达。

十八届，幸运地靠一篇文章入围。十九届，就算要投十篇百篇也一定要入围。

十九届我们上海见。

文 / 肖辰星

∴知交半零落∵

——纪念上海第十八届新概念作文大赛之行

肖辰星，湖北财税职业学院江畔草文学社主编。喜欢方方、池莉的作品，希望能写出武汉本土的民风民情，向世人展示武汉人的面貌。第十八届全国新概念作文大赛二等奖获得者。

而我们终究同路不同归，有各自的选择、各自的方向、各自的人生。知交半零落。

年少时，总是想着去大城市看看，北京、上海、广州、深圳……这些城市似乎成为我心中根深蒂固的梦想。那时，自己总是凝望着下雨的窗外，暗暗发誓一定要亲眼去大城市看看，看看人潮涌动的闹市，看看灯火通明的晚上。

终于，2016年1月，入围新概念作文大赛的我，名正言顺地去了一次上海。硬座，14小时，到上海时，已是深夜。

列车速度渐渐放缓，我贴着车窗屏息凝神地注视着窗外——匆匆掠过的高楼、高架上转瞬即逝的一排排路灯、被彩灯勾勒得五彩斑斓的夜空、天边时隐时现的橘黄色的点。我还是第一次看到这样的夜景。

小时候在农村，夜是静谧的，月光和星光在天边交相辉映，蝉声、蛙声、狗吠、鸡鸣此起彼伏。和大人一起走夜路时，经常有老猫闪着绿色的眼和我对视一眼，然后一闪而去。这种夜自然是令我终生难忘的。

初中时全家搬到市里。只要过了晚上8点，街上就只有运沙土的车。车驶过时，那经过的声音沉闷得像是响在心头的鼓点，憋得让人心慌，天也灰蒙蒙的，交错的电线将城市分割得支离破碎。完全对这座城市的夜提不起丝毫兴趣。

面对上海的夜景，我忽然有种心动的感觉，想要留在这里，留在上海，似乎这才是我今生的归宿。

火车到站，原本的满心期许，却被一场突如其来的大暴雨冲散了。

刚出站的人们都挤着上车，公交车人满为患。冒雨拦了几个的士也都没停，还险些在马路上滑倒。和之前约好的友人打电话，也没有打通。逗留了将近一小时，才等到一辆的士，而上车时，我已浑身湿透了。

到了静安寺的“海友”酒店，服务员给我开了一间大床房。虽说是大床，可进去却大失所望，不过是一张普通的板床，厕所对着床，而且马桶的冲水是坏的，上完厕所还得自己拿垃圾桶接水冲掉。

我洗了澡后，下楼来到了“海友”宾馆的大厅。很多同龄人围坐在一个大圆桌前聊着什么，我的到来似乎并没有引起他们的注意，我也不好意思上前打扰，于是独自坐在靠走廊的小椅子上。

大概过了 5 分钟，一个身穿白色大衣，手拿一顶黑色牛仔帽的女生注意到了我。她走过来问我的姓名，我说了之后，她似曾相识地望着我，然后伸出手说："我是兰，很高兴认识你。"

我们只闲聊了一会儿，她就被一个性格开朗的女生叫走了，我等了一个多小时，桌上的第十七届新概念获奖者文集也被我从头翻到了尾，见她没来，便回了房间。

本是报以真诚交友的心态而来的，虽然最后的结局是各奔天涯，再也难相见。可多认识一些人总归是好的，至少我们相遇过，我们曾快乐过。可当下的我却一句话也不想多说，看着新概念 QQ 群里一条接一条的信息，我总感觉，我不属于这里。

晚上蜷在被子里刷空间，有人秀外滩的江景，江水倒映着东方明珠的璀璨；也有人秀城隍庙的美食，吹弹可破的汤包、鲜嫩多汁的狮子头。而我只能在这座陌生的城市里孤独着。但这样也好，安静下来，让自己思绪纷飞一下，然后好好规划一下自己的明天。

接近转钟时，我那联系不上的友人终于打来了电话。

他问我到哪里了。我说现在在静安寺的"海友"。

他说："那行，我明天上午 10 点就过来。"

他叫胡子，是高我两级的学长，也是文学爱好者，高中时他凭借新概念一等奖获得了自招资格，去了上海戏剧学院，毕业后当了一名小学老师。而我高考成绩一般，留在了市里。本以为再也难相见，可偏偏因为新概念而再次联系上了他。

第二天，他如期而至。好几年不见，他越发成熟，彼时的齐刘海和婴儿肥也不见了，取而代之的是瘦削的脸庞和寸头。

我们在"海友"旁边的小梅园，边吃汤包，边聊了起来，他从他高中毕业一直聊到了现在的生活，好似要把那遗失的几年全部补回来。

临近中午，他带我去了位于上海市中心的人民公园。他说那里最适合偷得浮生半日闲了。

那里确实是一方净土，即便周围高楼大厦、人潮涌动，但丝毫不影响这个"百花深处”，公园里有很多小孩儿在玩旋转木马，一些老外很开心地坐在上面，拿着自拍杆拼命地拍照片，好似要回到童真时代。

再往里面走，有一湖，雨后的湖如同出浴美人，香味和湿气融在一起，别有一番韵味。湖边有许多打太极的老人、写生的年轻人。

走着走着，来到一个大爷大妈聚集的地方，胡子一到那儿眼睛就亮了，拖着我就往那个方向走。大爷大妈们的热情程度也超乎了我的想象，不仅问起胡子的“隐私”，还问起我来。我这才知道这是一个“相亲角”。

我赶忙把胡子拉到一边问他：“怎么刚毕业就着急去相亲？”

他笑着说：“作为一个文学爱好者，就是要去体验生活的，都要懂一点儿嘛。”

我想想也对，便任由他和那些大爷大妈亲切攀谈了。

可还未及一小时，他接到一个电话，挂了后便对我说有急事，匆匆离去了。

凌晨一点，他发来了几张在公园里随手拍的图片。我惊讶于他这么晚还没有睡，于是问他原因。才知道，他刚刚吃完夜宵，继续加班加点备课、改学生的作文。他说这个职业听起来轻松，可实际上每天都要一对一去教这些孩子怎么写好作文。而且一些孩子经常会在课堂上问一些书，而他有很多都是没有看过的，所以下班回家还要补看一些书。他对下午突然离开和未尽兴而说抱歉，还说如果后几天没什么事情一定带我去 blues and jazz 酒吧，那里有外国的爵士和民谣乐队演出。我看到他这般热情，又想到他瘦削的身形，反倒感觉有一丝愧疚。

这样的他，都忘了我第一次见到他，那时他才高三，还没有来上海。那时我们还可以坐在奶茶小店里点两杯夏季冷饮，聊着说不完的电影和文学，我们还可以一起逃课去学校旁边的小网吧打魔兽，我们还可以一起在夜晚的操场上尽情狂奔。我们以为这一切都可以自永远至永远，可现实是，夏季的冷饮终究要下架，然后换上秋冬季的热饮，人们开始穿起臃肿的大衣。而下个夏天已在转角处排队等候。

而我们终究同路不同归，有各自的选择、各自的方向、各自的人生。知交半零落。

复赛结束的那天晚上，我跟着乔木他们一块去唱歌，最开始我只抽烟，不唱歌，后来想着，估计再见也不容易了，不如放开唱一次吧。

那天玩得很晚，凌晨3点才回到宾馆，躺在床上倒头就睡着了。第二天去领奖的时候整个人都是虚的，领奖回来草草吃了点儿东西又睡了。

也许是老天都不甘于让我独处，偏偏就在我走的前一天，兰重新出现在我的世界里。

其实我不希望她总是提及那些伤心往事，可她偏偏说了很多。看着眉头紧锁、心事重重的她，我很心疼，却也不知该怎么帮助她。

我问她："你想不想去外滩？"然后她不假思索地说："行啊。"

我跟阿青打了招呼，便和兰起身离开，在"海友"旁边的银行取了钱后，搭乘地铁去南京东路。一路上我尽量扯开话题，不与她谈论那些烦心的过往。

我们从南京东路地铁站出来，微微飘了一点儿雨，我们各自撑起了伞，我走在前面，她走在后面。我们沿着苏州河往外滩的方向走去。这里曾是娄烨拍摄电影《苏州河》的地方，电影开头的那三分钟的苏州河剪辑令我永生难忘。

现今好似故地重游般来到这里。如今这里没有电影里的渔船、垃圾、拆迁的楼房、喷着黑气的烟囱、跳桥的女子……有的只是一份宁静、平和，河的两岸种满了垂杨柳，许多情侣牵着手在这条苏州河旁漫步。肮脏与腐败早已掩盖在大都市的发展中，慢慢为人所不知。

兰说她很喜欢这条河，没有带手机的她，让我拍几张然后传给她。

我边拍边走，忽然想到苏州河电影里的一句旁白："两个不相识的人坐在了一起，然后呢？然后，当然是爱情。"

我再望向头发在风中散乱的兰，心里竟也一动。

和她一起，感觉时间过得飞快，不一会儿就步行到了外滩的人民英雄纪念碑。我指着那里说："这就是外滩了。"

兰合上伞，小跑到了岸边。"对岸就是东方明珠了，"兰指着东方明珠说，"看，塔顶都被云层遮住了，那些在塔上工作的人看到自己身在云端是什么感觉？"

我笑道："那是雾霾啦，怎么会是云呢。"

她又说：“今天应该是我最开心的时候了，我之前一点儿都不喜欢上海，一点儿都不喜欢。”

她把头侧过来，柔柔地看了我一眼。恍惚中，另一个人影渐渐和她重合了。

“兰，我想对你唱首歌。”

“哦？”

“这首歌是我准备给我第一个喜欢的女孩子唱的，我当时也暗暗发誓要带她来上海外滩，可现在看来是不可能了。”

“是吗？什么歌？”

“张信哲的《爱如潮水》。”

“行，你唱吧，我听着。”

我酝酿了很久，还是鼓起勇气唱了出来。渐入佳境，唱到最后一段副歌时，我和她对视着。一曲唱毕，她鼓起掌来。

她问我：“你怎么不去从事唱歌这个行业？”

我说：“我都没有练过，就这业余水准怎么去唱歌？这不是去找虐嘛。”

然后我们都笑了。走了几步，我提出要给她拍一张照，她不愿意。我说背影就好，她这才点头同意。

兰站的地方正好是东方明珠的正对面，我半蹲着为她拍了两张照片，然后教堂的钟声响起。落日的余晖、欧式的教堂、教堂回响的钟声、扑棱翅膀飞走的群鸟，还有令我万般心疼的兰，让我在寒冷的上海感觉到了丝丝暖意。

我还是和兰牵了手。拍照后，我想为她专门唱一首《传奇》来表达自己的真实想法。我问她：“我能牵着你的手唱这首歌吗？”她说：“可以呀。”

有些事情就是这么巧合。谁都没有预料到。

接下来的几小时里，我们牵着手，十指紧扣，像普通的情侣一般，逛了城隍庙，逛了陆家嘴。她 9：30 分的火车，她说她不想走，她想留在上海。我也不会自私地因为个人感情而把她留在上海。

我没有多说什么，我们先回了一趟“海友”，她把东西收拾好。阿青担心我们走丢，要送我们走。

我和兰走前面，阿青在后面拿着手机发消息。我没有牵兰的手，我只是帮她把一个大的包包提着，一路无言。

阿青送我们上了地铁。分别时阿青拥抱了兰，也拥抱了我。很真诚，很感动。

上了地铁后，我把一盒印有“玫瑰玫瑰我爱你”的玫瑰饼送给了兰，并且指着“我爱你”这三个字。

她接过后说：“我累了。”我就把肩膀给她靠，她贴着我的肩膀，犹豫了一下还是没有靠。我们依旧一路无言。到了火车站，她抱了一下我，然后头也不回地走了。

我看着她渐行渐远的背影，深知，我们也许就到这里了。

她走的这一天晚上，我买了6瓶德国黑啤，边喝边抽烟。回想起以前总是觉得抽烟喝酒的都是坏孩子，而现在，烟丝一缕缕地被吐出，酒精一点点滑入肚子，才知道烦闷的心情可能是真的需要香烟与啤酒帮忙消解的。

然后，我整个身躯像一个被蝴蝶遗弃的躯壳，轻飘飘地倒在床上。

我做了一个梦。我梦到，我在跑步，只不过我没有向前移动，只是脚下的路像传送带般飞快运转着，兰和胡子以及一些老友跑到我的面前，他们迈着小碎步扭过头来向我招手，我摇头，让他们别等我。我注视着他们向前跑去，直到路的尽头和黑夜融为一体。眼前的场景也在不断变换着，好似秋去春来，岁月的长河又重新流逝……

梦醒后，我离开了上海，离开时是晚上，那一刻，我涌上了一股莫名的情绪，好像这一别就是永远。黄浦江边也充满着肃杀的味道。忽然觉得视线里上海的一切都变得异常模糊，可初来上海时眼前的夜景还是那么清晰。

在火车上，我忽然想起一句歌词：“当列车飞奔下一站的爱恨离别，我仿佛看见车窗外换了季节，在这一瞬间忘了要去向哪里的深夜，我不知道我还有多少相聚分别，就像这列车也不能随意停歇，匆匆错过的何止是窗外的世界。”

再见。就这样再见了吗？

文／柳集文

∴酒精、玫瑰以及子弹∵

柳集文，第十八届全国新概念作文大赛二等奖获得者。

为了八个人的约定，而不是一个人的微笑；为了一个美好的未来，而不是一个人的帮扶；为了所有所有，为了自己。

临近的国道上偶尔会有卡车的声音传来，穿过脆弱的空气和冷静的玻璃直直地刺进人心，耳鸣的动静不大，只是和路边橘黄色的灯一般长久地出现在睡梦里，熟悉的温度和熟悉的味道在雪上燃起焰火，火烧不化硬实的雪，雪冻不住热烈的火。

我是个贪婪的坏家伙。

闹钟不合时宜地在深夜响起，第一次听到只能证明我有一阵子没熬夜了，我不是个喜欢喝酒的人，所以只有一罐几乎没有度数的果啤，祝远方那个消失了大半年的、自己最好最好的朋友生日快乐。视频里的两个人都有些倦怠，浅浅的眼圈显得眼白更多了，阴森森的。她说，睡觉吧。从来没这么听话过，我关掉了手机选择休息。

第二天老师很兴奋地提到“新概念”，鬼使神差地跑去找课代表报了名，以为会有不少人，后来才知道最后交到老师那里的报名人数不到两位数。在不怎么亮的灯下看着要求之类的东西，听别人很随意地说笑，也就不怎么重视这事了。只有想起来才去写的东西倒是写了很长一大篇，胡乱数数有一两万字，不想改所以没投。对着电脑照着两个提纲打了两篇，名字改了两次总觉得不好就丢在了那儿。

老师催着要寄出去时才想起来没有命名，满脑子的中国特色社会主义和墨累－达令盆地，想了一路还是用了最初随意打上的名字。屏幕对面的人正埋头于自己的事，手边是两瓶已经打开了的啤酒。遮光布使光线好了一点儿，我说过晚安后捂着摄像头一副忘记关的样子，安静地看了七百多公里外的他许久。

为了一个人去尝试自己陌生的东西，无论有多抗拒都会拼尽全力。

所以我会在得知消息后那么开心，即使父母一副不是很开心的状态，即使有几个同学的恶言相向，但只要想到能和他面对面说上一句两句话，像是刘震云《一句顶一万句》里头讲的，为了一句话。

有了可期待的事，时间会走得飞快，上火车前挤在人群里有种恍惚感，像那些永不回头的电影，带着对未来的无知和无畏。和几个人联系过，至少不会显得突兀吧，我不确定隔着屏幕的人都是什么模样，但对这种缘分还是很欢喜的。

火车上有不少小孩儿，对面坐着的妇人为了孩子的免票和售票者打着太极，抬头恰好撞上我的目光，尴尬地移开，她不好意思地笑笑，满眼都是对孩子的爱，不大爽快地给了钱，很典型的小城女人。这列向南开的火车尽头或许是她的家人，或许是她的爱人。小孩儿很乖地躺在床上，和另外一边大声吵闹的几个孩子不大一样，眼睛里是探究的光，看人还有些腼腆，本想聊聊天的，如此只好作罢。

再醒来就不见了那对母女，心思转向了别处，觉得那女孩儿和12年前第一次去远方旅行的我相像，如此而已。

第一天。

买了手绘地图还是摆脱不了迷路的命运，在考点附近转了很久才找到一个还有空房间的宾馆，忍着对路痴的怨气和手机输入法的不灵活给几个同在上海的家伙打招呼，其中自然包括轻描淡写过去的他。

即使走几步路都要依赖地图导航，我还是轻松作别溜了出去。其实只是一小时的自由时间，也是争吵了一顿午饭的结果。约在最繁华的地段，游人如织，几乎所有拍上海的电影都要有它一个特写——东方明珠。在天桥上见了面，考虑了一下家人的脚程，几个人找到一家小小的咖啡厅，他来晚了，和其余几个熟络地打过招呼，一本正经地和我对了暗号。他很好看——当然这只是我的一面之词，没有小白那么白，没有溪耕那么高，甚至穿的衣服都不是我喜欢的颜色。

很好意思地改变了自己喜欢的颜色里排名第一的家伙。

很快地干掉咖啡，我半开玩笑地说，第一次看他没有在喝酒，他笑了笑，阳光洒在毛衣上，森森细细，无色无味。他说要给新人留个好印象，众人开始吐槽他就是个酒鬼，气氛很美好，被电话铃声打破。到天桥上等家人来会合时发了条说说，一切都会好好的。下面是刚刚一起的朋友回复，还没回复完就听见有人喊我，手机丢进包里，还是那个我。

在南京路陪家人玩了一晚上，走的路是平时几倍的量，累瘫在宾馆的床上，属于自由的心的一天，虽然只是一个小时。默写了短短的十个字，旁边的手机一直在响，写的时候到底想什么也忘了。后来翻出来才看到它的身影。

熟宣画工笔，笔笔出我心。

第二天。

一直在下雨。写完作文跑去喝咖啡，满脑子蔡依林的《舞娘》，刷着新闻，捧着的卡布奇诺远没昨天的甜，虽然比昨天多放了整整两包糖。晚上玩到了十点，晚饭吃得不多倒也没饿，一直在说，一直在笑。父母嘱托不可饮酒，最后连口饮料都没喝。

去了不远处的作协，玩的时候不知哪里蹿出来的猫在老楼外转悠，八个人拍了合照，背景是快要被爬山虎掩埋的楼。夜里拍照手会抖是不知什么时候有的毛病，到现在也是，所以并没有拍照。一路上打打闹闹哪里都是我们，一只黑白相间的猫绕着我的腿玩得开心，却是一副惊弓之鸟的姿态。

在陕西南路还是茂名北路走了四遍，终于在巨鹿路上找到了一个续摊的地方，起初一直在唱歌，后来融入气氛，任由歌放着玩游戏。像是一群老友的重逢，隔离了窗外的雨和楼下的车水马龙。回宾馆后晕晕乎乎地听父母说他们做了什么，又挑重点的几件拎出来细细说了。

这个世界那么大，人一辈子要和无数人相遇，我遇见你是我的荣幸，我们分别是个定律。

夜深想起来自己的作文，没有什么大纲，胡乱写写交的东西，心已经凉了半截。偷偷上了 QQ，看到他们在聊这次的面基，两个号，两群人，都聊至深夜。

朋友私信讲他有女朋友的，很幸福的两个人，她一边在群里发些胡吃海喝的照片，一边跟我讲他这个人。我说我只是喜欢他写的东西，只想扮演好那个小书迷的角色，偶尔写写长评，偶尔聊聊天找找脑洞，而已。

放下手机，揉揉惺忪的眼睛，想起来那句话的后面一句。

力透纸背意难平，画终不是卿。

第三天。

二等奖。有过期待自然是失望的，几个失落的家伙看别人谈笑风生，自己安静地刷着群消息。坐在远远的角落，大家都在给家里人打电话，那头期待万分的父亲声调明显地落了下去，甚至可以想象他们商量最近的回家火车票的事情。

十九届，一定要来啊。

我们信誓旦旦，义无反顾。

我们强颜欢笑，涛声依旧。

不念生死相依，只愿曾经欢喜。明年再聚，我还是那个会傻笑谁是卧底，可以连赢三局卧底牌的麦霸，你们还是我所认识的单纯的可爱的欢闹成一团的你们。上海的雨很大，但永远不可能浇灭我们烈火般的热血。未来的路很长，时间打不碎我们这群执着者的梦想。大家都在发道别的话，不说两句对不起这次相遇。

一个个上了回家的火车，有些遗憾，有些期待。车厢里人不少，转车时听到广播里报来的车次准备再次发车了。列车不知疲倦似的奔跑在铁轨上，月台上的人却换了一代又一代，铁轨因海子的死被着重提点了很多年，也是因为火车的速度慢，刚好带上一列车人飘摇的人生，撞飞躺在铁轨上的灵魂。

买了不少好吃的，算是嘴上没停地吃了一路，开心地回家。

写过中二的小说，写过同人的随笔，写过低分的散文。写的东西没有那些家长吹嘘的分量，但总还是有一点儿吧。为了八个人的约定，而不是一个人的微笑；为了一个美好的未来，而不是一个人的帮扶；为了所有所有，为了自己。

你好，再见。

文 / 毕文昊

痴人说梦

毕文昊，笔名：陌桦。1998 年生人，白日做梦，爱好广泛，喜欢生活在自己幻想的故事里。第十八届全国新概念作文大赛二等奖获得者。

新概念是我的一个梦，是它让我在现实无边的黑暗中看见了一束光芒，我不允许任何人诋毁这束光。

【关于参赛】

我第一次接触到“新概念”的时候是在高一买到的第一本《萌芽》上，当时买到《萌芽》后翻开看见扉页上赫然印着“第十六届全国新概念作文大赛正式开始了”。那时的我疯狂地迷恋韩寒，也想到了韩寒正是“新概念”出身，所以不假思索地把《萌芽》翻到了印有大赛征文启事的那一页，反反复复地把征文启事上面的“新思维，新表达，新体验”和正文部分看了一遍又一遍。可惜当时的我最多也只能写写诗歌，还是不入流的那种。所以我暗下决心，明年，明年一定要去参加一次“新概念”。那时候，我手里握着的杂志叫《萌芽》，心里仿佛也有些什么东西萌出了芽。

我还记得第二年写参赛文的时候，当时学校正热火朝天地举行文化艺术节，而我在还有 3 天十七届“新概念”就截稿的那天，利用社长职务之便在学校文学社里匆匆写了一篇两千多字的散文《长大是人必经的溃烂》，写完后的第二天就匆匆把参赛文用圆通快递邮寄了过去。给身边的朋友看了后也都没有得到太多的赞许，杨纪告诉我：“你这篇文章和上届入围的文章简直不能比。”我没有说什么，但是心里却做好了最坏的打算。所以结果也就可想而知了，石沉大海的十七届的确给了我一定的打击，学习不好，长得难看，就连自己喜欢的东西也不能好好去努力，去得到一个令人欣慰的结果。我还有什么长处？一段时间的自怨自艾后我又没皮没脸地活了过来。当时的我想，既然连个入围奖都没有，那一定是自己写得太差看得太少。所以在 2015 年的一年里我像疯了一样地去阅读，去写一些琐事当作对自己的练习，却在一次次练习后觉得自己的文章还是太差然后忍痛删掉，直到年末的时候，那时的我对“新概念”的执念已经没有那么深，我对老王他们说：“我今年应该不会参加‘新概念’了。”可没想到的是在一星期三的晚上，回到家中后本想打 LOL 的我发现电脑坏了，百无聊赖之下忽然想到我妈之前和我说过一个老头因为家庭原因在医院自拔了输氧管自杀，我觉得这里一定会有故事。加上因为之前杨家巷爆炸案的事情，家门口的福禄商城也被拆成了一片废墟。所以当我把两者联想到一起后就幻想出了一个故事，也就是《旧巷福禄》。花了三小时在手机上敲完五千字的我感觉两眼酸胀，像是快要瞎了一般，所以匆匆睡了过去。第二天一早去了学校，把稿件打印出来给朋友们看，顺便找找错误。这次杨纪看完后没有再贬低我的文章，反而说这次的文章比起那些出版的参赛文有过之而无不及，听到这话的我简直是受宠若惊，连忙道谢。等到错别字一一改正过来的时候我就把稿件依旧用圆通寄了过去。

本来我以为这次依旧会石沉大海，可却在入围名单快要公布的时候，贴吧里出现了一批入围名单，我惊奇地发现在推测出来的单号里居然有一个芜湖，在确认梦婷姐这次填的地址是上海而不是芜湖后，我内心的希望就像一簇火焰“噌”地一下升起。我还记得在那个单号推出来后的那几天我是怎样度日如年，几乎是每过十几分钟就要拿出手机打开黄页去追踪一下那封挂号信到了哪里。直到我看到物流信息上显示“已到城东投递部”的时候我问了老王城东是哪儿，老王告诉我是从我们学校到方特那里，应该是鸠江区，而我家却在镜湖区。当时我心里的那簇火焰像是淋到了倾盆大雨后覆灭得只有缕缕青烟。可老王的下句话又让这束火焰升了起来。

“好像……镜湖区也是城东。”

接到我妈电话的时候，我和老王正在重庆小面门口徘徊着，为中午到底吃什么而纠结，也就是那时候，我的手机铃声响了起来。

“喂，妈，打电话给我干吗？”

“我打电话给你一定是有事吗？没事我就不能打电话了？”

“可以可以，当然可以，什么事啊？”

“你是不是给《萌芽》寄东西了啊？这里有一份《萌芽》的回信，上面写了复赛通知什么的……”

当时的我在听到挂号信寄到我这里的时候完全蒙了，像是身处一个四面环山的山谷里，一个人对我喊道：“你入围了，你进复赛了！”然后山谷里的回声一遍遍地在我耳边重复着：“你入围了，你进复赛了，你入围了，你进复赛了，你入围了，你进复赛了……”当挂掉电话后我才算反应过来，内心的喜悦让我的大脑完全不能控制自己的躯体。我纵身跃到了老王身上。

“哈哈哈，我进了，我入围了！太开心了！”老王一脸无奈。

之后的几天我去班主任那里请了10天的参赛假期，我本是以参赛大过学习的心态欢快地度过这10天假在家里休息着的前几天，谁能想到我在家的第二天学校就因为天气严寒而停课停考，让我直呼不公。

【凌晨的火车，还有没读完的卡夫卡】

在得知入围的消息后联系上了乔木姐和阿青（阿青开始是让叫青叔的，后来见面后发现阿青才20几岁，所以就改口叫青哥和阿青了），乔木姐告诉我要提早买票，否则到了后面的春运抢票时间就买不到了。吓得我赶紧买了来回的车票。

去上海的车票是凌晨1：54分的火车，老爸12点起床后把我从LOL里拖到了深夜的马路上打车，过了10多分钟来到了芜湖市新火车站，我爸在交代了我几句之后就离开了。我一个人背着重重的背包，手握身份证和车票走进了新火车站，在火车站候车的时候，有两个朋友怕我等车的时候孤独，所以陪我聊了会儿天，直到我进站的时候才去睡。

凌晨的火车站很空旷，远远地看向窗外只有几辆的士在路灯微弱的光芒下疾驰，我慢慢地跟随着人流找到了自己应该坐的车次。

上车之后我根据自己的车票找到自己座位的时候却发现，一个戴眼镜的小哥睡在了我的位子上，我很尴尬地叫醒了他。小哥醒后睡眼蒙胧地对我说：“对面没人你先去对面坐着吧。”我说好，然后坐到了小哥对面。由于在车上要坐上7小时才能到上海，因此无所事事的我从包里掏出了一本卡夫卡的短篇小说随便翻到一页看了起来。看了一半我有点儿忍不了对面小哥一言不发地对着手机发呆，难道现代人唯一的乐趣就是玩手机了吗？于是我思虑片刻后决心主动搭讪，帮助网瘾少年摆脱手机的诱惑。

“那个，你好，你这是去哪儿？”

“上海。”小哥推了推眼镜，睡眼依旧蒙眬。

“嗯，我也是去上海，你打 LOL 吗？”

“不打。”小哥低头，玩手机。

一阵短暂的沉默后……

“你去上海是干吗的啊？”

“回家过年。”

慢慢地小哥的话匣子被我在经历了一次次沉默后打开，小哥告诉我，他是黄山的大二学生，去上海过年，家在合肥，老家六安。并且和我在火车上探讨了关于大学生模拟创业的创业概念和盈利模式以及他在大学里做过的一些小生意，我对此很感兴趣，所以详细地听他说了说，在听完他的创意后我可以说是佩服得五体投地。小哥后来也问了问我去上海做什么。我告诉他我去上海参加新概念，小哥表示震惊，说以后一定要抱我的大腿。我们嘻嘻哈哈地又谈天说地了一会儿，在这期间还吸引了一位西安人过来听我们的讨论。我们从凌晨 2 点聊到了 4 点多，直到困意从大脑里萌发出来，下达了合上双眼的指令后我们才在火车上昏昏地睡过去。等到我醒来的时候，火车已经开到了江苏。醒来后两眼感觉十分酸胀，没一会儿眼泪就出于自我保护从眼角溢了出来润湿眼眶。时间过得很快。一小时后火车上的声音告诉我上海到了。我和小哥互留了联系方式后道了一声有缘再见。

【在魔都海友的那些天，那些人，那些事】

第一天，1 月 25 日，南京路步行街。

下车后上海的寒风吹得我精神一振，身边的人也都不由自主地缩了缩身体。我打了个电话给薛毅，薛毅在电话里操着一口东北口音告诉我在静安寺碰面。我听了好几遍才听清具体的路线。于是我顺着拥挤的人潮走到了地铁三号线的入口，在熙熙攘攘的人群中我居然又看到了火车上的那位小哥，走过去打了个招呼才知道他也是坐地铁 3 号线。于是我们一起买了车票坐上了地铁，在中山公园那站的时候我下了车准备换乘2号线，和小哥又道了一声有缘再见后，我坐上了2号线。

下车后我看到了薛毅，他一手拿着电话，一手和我打招呼。和薛哥打了个照面后我们聊了一会儿，薛哥问我抽不抽烟，我说会抽的，于是他打了一根利群给我后，一边带路一边抽着利群，还时不时突然性地晃动着脑袋。

没一会儿，跟随薛哥的脚步我看到了静安寺，静安寺在阳光的照耀下显得金碧辉煌，十分壮观，我拿出手机拍了几张照片。

到了“海友”后薛哥先是带我见了栀紫，当时栀紫还在睡觉，醒来后打了个招呼让我坐着聊聊天，我在女孩子面前没有那么放得开，所以谎称自己不累。栀紫问我是哪里人，我说我是芜湖的。结果栀紫立刻换上了一口方言和我说：“哎哟，老乡我是合肥的！”他乡遇见同乡的感觉让我有种说不出的兴奋，和栀紫姐聊了会儿后薛哥又带我去见了一位参赛的妹子，然后我们一同前往大厅开了一间高低铺。

阿青来了后把我叫去了他的房里，让我挑选了一个他自己抓来的娃娃，我说我想要只狗，结果薛哥一把抓了只狐狸给我，阿青看着薛哥很无奈，我也很无奈。后来我找了一会儿找到了一只史努比。又坐着和阿青聊了一会儿就回了自己的房间。

我在QQ上发消息问乃琛什么时候能到上海，乃琛告诉我大概是在1点的时候。由于前一天晚上在火车上到中午一直没有进食，因此我就一个人下楼在附近买了两个手撕面包。面包是刚出炉的，捧在手上还有点儿发烫，回到房间后我撕了半个面包开始吃，金黄色的面包外表有些酥脆，口感很棒。我一边吃着面包一边打量着自己所住的房间。

一张高低铺，洁白的枕头、洁白的被子。墙上有一幅画，深蓝色的基调衬映着两片略大的叶子，下面有一行字：“一阵风吹过，叶子离开了树。”桌上整齐地摆放着电水壶、纸杯和拖鞋，还有一张印着推油按摩的小卡片。

我坐在床上玩了会儿手机就被阿青叫去和薛哥、栀紫一起去了“奶奶的味道”吃午饭。

回来后我一个人在“海友”百无聊赖，留了面包准备给乃琛接风洗尘。然后打开电视边看《封神榜》边等着乃琛的到来。

乃琛后来被阿青领了进来，我们相互认识了之后，乃琛从包里、箱子里掏出了各种各样的生活用品和保养护肤的东西，看得我目瞪口呆，后来的时候乃琛还拿了一袋山东的腊肠给我。男生之间的话题很多，我们互相沟通了自己的参赛文和感情史，没一会儿就熟络了起来。

下午的时候，以前学校里的朋友老蒋知道我到了上海，特地从浦东到了静安找我，我问了她在静安寺站的几号出口后，就去找她。

见到老蒋后我还没反应过来就被老蒋的一个大大的拥抱给迎接了，我看得出来，老蒋一个人在上海打拼这么久后，见到家乡的熟人内心是很激动的。因为她激动到抱我的时候手机都飞了出去，路上的人们显然也被老蒋的这个拥抱给吓到了，纷纷回头看我们。

“啊，三哥，好久不见你啊。你待会儿想去哪儿玩啊？”

“我无所谓啊，待会儿我和那些朋友一起去南京路步行街，一起吗？”

“好啊。”

到南京路步行街的时候，我发现上海的外国人真的很多，基本是走两步就能看见一个外国人。我们走在南京路步行街上，阿青哥给我们介绍着这里的景色和路线，逛了一会儿后我们感觉饿了，就去了“傣妹”吃了一顿火锅。

吃完火锅后我们又一起去了外滩，外滩的夜景很美，人却很少。仿佛这座城市夜晚所有的光辉和繁华全部在这里集中体现了出来，我的左手边是闻名的东方明珠，右手边是一座座高楼大厦，这里的盛况让我忽然有种无从适应的感觉，我，真的入围了，真的来到上海了吗？我想很多人应该也都是这样，在你心心念念一件事的时候，可能从来没想过它会真的实现，最多也就是在临睡前幻想一番，但自己知道那是不可能的。但当这件事真的实现的时候，一种巨大的满足反而会让人形成落差的感觉。我看着前面乃琛他们的脚步摇了摇头，来都来了，想那么多干吗，还是好好珍惜吧。

在外滩时我、薛哥、阿青、老蒋、乃琛，合了一张影。当我回到芜湖的时候还时不时地会从手机相册里翻出来看，以便提示我这是真的，这不是梦。

第二天，1 月 26 日，杀人游戏，大家的初次相识，夜谈。

第二天乃琛早早就起了床，还出去买了水和饭团，我起床洗漱后就和乃琛下去在大厅打了一会儿台球。但等到回去的时候却被告知我们的高低铺只订了一天，现在只能换大床房，所以我们只能从 8033 号换到了 8032 号。

中午的时候，传说中的乔木姐终于来到了“海友”大厅，乔木少女十分善于活跃气氛，她把几张大厅的桌子拼在一起后，将雪饼、仙贝之类的零食“唰”地一下倒在了桌子上。大家开始互相认识，谈天说地地聊着。

这样的感觉让我觉得很奇妙，大家都是从五湖四海为了一个梦想奔赴而来，当时聚在一起的人里后来有几个我们关系也都还不错，有和乃琛是老乡的若兰，一直戴着黑色小帽，来自四川，操着一口四川方言的阿基，来自我一直向往的肉夹馍故乡陕西，聊天风趣携带老妈而来的小二。同样戴着套头帽和类似老花镜眼镜，自称是初二的美女舒婷和同样是老乡的我还给了两根“白万”的辣条菊（正是因为这两根白色“万宝路”，后来我还被称为小白或是小白万），帅气的溪耕和云南吴彦祖，以及除却身高长相酷似郭敬明的键超。

当我看到舒婷的时候感觉很亲切，原因无他，和舒婷是在来上海前就认识的，因为我们同样被《萌芽》写错了名字。在现实中见到网友是件很奇妙的事，依我来说，那是一种仿佛见到了小说里的人物的感觉。

和大家认识过后，乔木开始让大家玩杀人游戏，前面几轮我一直是第一个被杀死，每次乔木让我在死前说遗言的时候，我都会说我招谁惹谁了我……一旁的皓天说因为这里你最帅，我嘴上说着不不不，但心里却已经认同了这种说法，人嘛，总归是要谦虚一点儿的。

有关杀人游戏的惩罚。

在抽到警察却被杀手杀死后的我终归是要面临惩罚的，乔木少女摇晃骰子，说摇到大就是大冒险，摇到小就是真心话。骰子在骰盅里不停撞击着发出碰撞的声音。“啪，开，大！”

“你是大冒险啊。”乔木用一种难以言喻的眼神看着我。

“咳咳。”乔木清了清嗓子，对我说，“你住校吧？你有室友吧？”

“嗯……我不住校，租房子，所以有个室友。”

“男的女的？”

“当然是男的……”

“好，那你现在打个电话给他，说你得了艾滋病。”

“啥？”

大厅里爆发出一阵阵不加压制的笑声，大家幸灾乐祸的样子让当时的我一脸茫然。

于是我在众人虎视眈眈的注视下拨通了老王的电话。

“喂，老毕啊，干吗？”

“嗯……老王，你知道的，我现在在上海。”

“嗯，我晓得啊，怎搞的啊？”

“你知道的，上海是个大城市，所以我就去了趟医院，结果检查出……”

“怎搞的啊，检查出什么了啊？”

这时候我已经是在强压笑意，深呼吸几口后我稳定了下情绪。

“我检查出来了……艾滋病……”

“什么东西啊？”

“艾滋病……”我略带哭腔。

一阵短暂的沉默后……

“你是在玩游戏吧？”老王机智地缓解了我的尴尬，大厅里的笑声再也压制不住，爆发在大厅里此起彼伏，让路过的那些非新概念的选手纷纷侧目。

“老王你太机智了，我们在玩那个‘天黑请闭眼’，我输了要大冒险。所以打了电话给你，先这么说着啊，回头再联系！”

“好。”

以上是第一次惩罚，第二次惩罚的内容更加令我不堪回首。第二次我和来自内蒙古的苏热抽到了警察，奈何被杀手双双灭掉。在摇骰的时候我们又都是大冒险。乔木充分发挥了她的少妇心，不对是少女心。让我们把另外一个人当柱子跳钢管舞。

就这样，我献出了我的处女舞……

后来还有很多被惩罚的笑点，例如两个同性互相亲吻（别问我有没有被惩罚这个，我和苏热、乃琛什么都不知道），还有苏热一个人去要一个大叔的联系方式，结果被大叔递了一张名片说，欢迎光顾我们酒店……

晚上的时候我和乃琛、许航、苏热一起找了家面馆吃晚饭，这时候我才了解到内蒙古并不是我想象的那种大草原，不是每个内蒙古人都是草原上的，这一点是许航和苏热告诉我的。也正是那天晚上我才得知，苏热除了入围新概念，还得过北大培文杯的国二，北大直接降 60 分。不过我倒是和苏热开了一个玩笑，说这个降分也只对你有用了，对我的话，别说 60，100 我都未必能考上。大家也都笑了。吃完之后我们又沿路返回了“海友”继续玩着杀人游戏和谁是卧底（顺便说一句，那家面馆的面条和馄饨真的不好吃，盖浇饭太甜，小笼包也不正宗）。

夜谈。

就这样我们玩到晚上后依依不舍地回房休息，刚回到房间没多久后若兰敲响了我们的房门，进入房间后，若兰一脸犹豫，我们看情况不大对，问这是怎么了，若兰像一瓶摇晃后被打开瓶盖的啤酒，不满的抱怨从口中喷涌而出，说的大多是前任。我们在一旁静静听了一会儿后也纷纷分享了自己的故事。在听完大家的故事后我不禁感慨，怪不得大家新概念都入围了，原来一个个都是有故事的人啊，还一个比一个更曲折，是在下输了。

聊到很晚的时候若兰回了自己的房间，只剩我和乃琛。我们看了看时间已经将近十二点了，但我们却丝毫没有困意，于是我和乃琛在床上一直聊关于第二天复赛的事和自己想写的故事，不知不觉到了两点半，我们发现再不睡明天就真的起不来了，才匆忙地蒙头进入梦乡。

第三天，复赛，KTV通宵。

早上起来后我和乃琛稍作调整就在大厅等候大部队一同前往考场，出了海友，外面竟下起了小雨，淅淅沥沥的小雨让大家的步伐都慢了下来，栀紫在QQ上和我说，以往上海都是颁奖那天下雨，复赛下雨倒是头一回。

我们顺着巨鹿路一直走，终于看到了考场逸夫学校，学校大屏幕上远远就能看到“华东师大杯第十八届全国新概念作文大赛复赛”的红色醒目字体。

看过考场后，我们离开了考场，去了一趟上海作协和《萌芽》杂志社。可惜的是在里面的时候，工作人员以事务繁忙的理由把我们赶了出去。所以我们只在外面合了几张影。

我们一行人后来去了东北饺子馆，在路上的时候我和湖南的滕孟男相谈甚欢，孟男是编导出身，复读几年只为考上心里的那所学校。我很佩服这种为梦想坚持这么久的人，虽然这么说有点儿矫情，但的确是真实的想法。当我们到达东北饺子馆的时候发现小二不见了，我发了个信息问小二去哪儿了，小二说他想逛逛就不和我们一起了。我想小二应该是觉得在人群里大家嘻嘻哈哈自己会有些孤独吧，我时常也会这样，明明是很好的朋友聚在一起，却有种孤独感，或许有些时候真的该一个人静一静，心里才会好受一些。所以我没有再回小二。在饺子馆的时候敏谦特别害羞，说的话只有阿难能听见，其他人都还好，纷纷点了自己的食物。上菜之后大家匆忙吃完就离开了，我也在吃完自己的三两韭菜饺子后，和孟男点了一根万宝路跟着大家一边赶往考场走一边继续聊着（我再顺便说一句，这里的饺子，不好吃）。

复赛。

进入考场后我左右张望了一下，发现了一个很漂亮的重庆妹子（后来以帮薛毅组稿的借口要了人家的联系方式），然后低头看着自己的准赛证。没一会儿监考老师把稿纸和试题发了下来。我看了看题目：论原点，逆转。

我想都没想直接动笔写起了论原点，写的是人性，结果写着写着感觉和韩寒的《杯中窥人》有些相似，为了避嫌，我把那张稿纸直接扔到了包里。然后开始动笔写逆转，逆转写的是一篇长篇小说，讲的是主人公一个人来到之前和朋友经常来的地方，奈何时间匆匆，物是人非，当年陪在身边的人一个个都走散了。主人公在取走时间囊的时候遭遇车祸，在濒死前他的自主意识里朋友再一次背弃了他，于是他内心深处放弃了生的希望。结尾写的是，时间无法逆转，过去无法颠覆，对于主人公来说，死亡或许是一种开始，而开始又或许是一种逆转。

两小时后我写完了三千多字的复赛小说，成为我们考场第一个交卷的人。

出了考场的时候乔木塞给了我一个暖宝宝和一根棒棒糖，我走到一旁和汤老师打了个招呼，问他写的是什么，汤老师说他写的是论原点，以五行的形式。聊了一会儿后我走到一旁等着乃琛他们出来后就一起回了“海友”。

好乐迪通宵。

乔木姐说“新概念”的传统是KTV通宵，所以那天晚上我们一同去了“好乐迪”。在大厅的时候，乔木姐在清点人数，到最后发现一起去通宵的人居然只有寥寥几十人。乔木姐坐在椅子上喃喃自语：“‘新概念’真是一年不如一年了，‘新概念’这是怎么了？”而阿青哥也在旁说他再也不想带队了。我安慰阿青说：“你已经很棒了，这次组织得已经很好了，真的。”阿青看了看我摇了摇头说：“不是的，我做得真的不好。”我想我能体会阿青和乔木的感受，毕竟前几年都是大家一两百人一起有说有笑地包夜KTV，聊文学、聊梦想，聊尽一切可以聊的，而现在却只有寥寥几十人。“新概念”就像是一只雄狮，之前的威武随着时间的推移变成了现在奄奄一息的模样，最难受的，一定是平时悉心照料它的人。

在去“好乐迪”后气氛一直不怎么活跃，乔木一直在喝酒，阿青哥也是唱到一半就离开了，不怪他，他这些天是真的太累了，不仅仅是身体，更多的是心累。

到了凌晨的时候乔木酒喝多了，看见大家一个个都走了，眼眶红了起来，把空酒瓶砸在了地上说：“怎么就这么一点儿人了，说好的通宵呢？”我给了乔木一个拥抱，安慰地拍了拍她。可明明是我在安慰乔木，怎么后来连自己的眼眶都红了呢？

到了凌晨两点多，心怡和小菲姐、蔓晨姐说要去外滩，我说：“那我们一起去吧。”于是我和扎辫的凯歌以及心怡他们下了电梯。出电梯门的一瞬间冷风从我衣服的空隙灌了进来，我忽然觉得很累。脑海里又浮现了刚刚乔木说怎么就这么点儿人的情景。我对心怡说：“我困了累了，今天外滩就不去了。”心怡和小菲姐很遗憾地说好吧。于是我又折回好乐迪，回到好乐迪的时候孟男惊讶地问我：“你不是去外滩了吗？”我说：“太累了不想去了。”结果看见孟男在写着什么，我走过去问孟男在写什么，孟男把那张意见卡递了给我，上面写着：“兄弟，你们这里的WIFI不好用！要改！”

看完意见后我和孟男相视一笑离开了，从只有我们两个的包房去了乔木的包房，在那里我看见还有几个熟悉的人依旧坚持着通宵KTV的传统，乃琛在那里靠着已经睡熟，小二坐在沙发上目光深邃。乔木拿着话筒没有调调地唱着歌。我感觉很累，就靠在沙发上眯了一会儿，醒来的时候已经是凌晨五点了。那时候孟男说：“我们去吃个早饭吧。”我说好，对薛毅说了把乔木照顾好后，就离开了KTV。

第四天，1月28日，颁奖与香锅。

离开KTV后和乃琛、孟男我们三个找了一家面馆点了拉面，吃完后就赶回房间休息了（这家的拉面是真的好吃，“海友”出门右拐本帮菜前面一点儿的位置）。

睡醒后我们又一起去了香锅，孟男说上海的辣都不太辣，所以点了重辣，我也一样，乃琛点的是中辣。该怎么形容呢……只能说不能断章取义，上海，也是有辣的菜的。后来阿青带着雨涵和薛毅来到了香锅，我们看着人挺齐，所以又合照了一张。

离开香锅后大家分批前往青松城领奖。我和乃琛、孟男、小二他们一起坐地铁去了青松城，到了青松城后才知道参赛选手有多少，参赛者和家长把颁奖点围了个水泄不通，当真是里面的人想出去，外面的人想进去。

没一会儿在颁奖前微博就公布了获奖名单，我找到了自己、孟男、乃琛、小二、若兰和舒婷在二等奖里的名字和许航、苏热一等奖的名字。紧接着就听到吕正在那里喊："一等奖还有吗，一等奖还有吗？一等奖先进来，二等奖等一等。"

领完奖后走出来看见了阿青，我说自己是二等奖，阿青对一旁的一个女生说："你看人家不是挺开心的吗，你怎么还哭上了？"顺着阿青目光我看见一个妹子在哭，我也安慰了几句："没事了，能入围就很不错了，这可是 4.7 万选 249 的比赛呢。以后再努力就好了，这次没有烟灰缸（一等奖奖杯，酷似烟灰缸），下次再来拿嘛。"

安慰她的同时其实也是在安慰我自己。

离开青松城后晚饭我和乃琛、孟男、苏热又一起去了香锅，并约定十九届二十届再聚，尤其是二十届，十九届韩寒回来，所以大家一定要努力入围，二十届的大腕则更多，那时候无论入围与否大家都要来上海再聚香锅！

乃琛他们三人异口同声地赞成了这个说法，我们目光相接，我看到的是自信的光芒和对未来生活的期许。

第五天，1 月 29 日，离去，再见。

早上 7 点多醒来的时候乃琛也醒了，那时候孟男已经去了上海虹桥站，那天我唯一的遗憾就是没再见孟男一眼，亲口讲一声再见。还有许航，还有很多我在这里的朋友。

乃琛和苏热说要送我，我说好啊，到了"海友"大厅后，乔木姐还坐在前一天晚上坐的位置，我对乔木姐说了一声我要走了，乔木姐给了我一个拥抱和吻别，叮嘱我在路上要千万注意安全，小偷很多。我答应了她，然后和苏热、乃琛走出了"海友"。在离开"海友"的时候我回了三次头，每一次都看见乔木姐在注视着我离去，我忽然感觉很难过。我忍住了再回头的欲望，大步离开了"海友"。

和乃琛、苏热一起吃过早饭后我们到了静安寺地铁站，在这里，我和最后的朋友说了一声不知道何时再见的再见后，踏上了去上海火车站的地铁。

归程。

在火车上的时候，我看着窗外一瞬而过的风景，看到了一片片的冰雪在融合，看到了一片片叶子在飞舞，我忽然想起初到"海友"看到的那幅画上的一句话："一阵风吹过，叶子离开了树。"我想我也是这样的，"新概念"是一阵风，把我吹到了上海，"新概念"是一阵风，又把我吹离了上海。我想到之前在火车上没看完的那篇卡夫卡短篇，又把它拿了出来重新从头到尾看了一遍。

火车里面芜湖的老阿姨和广西的农民热火朝天地聊着生活，我觉得很温馨。时间在温馨的时候总是会过得很快，七个小时后，我回到了芜湖。

当我回到芜湖的时候，虽然迎接我的是比上海更冷的湿润空气，但我依旧觉得开心，虽然芜湖比不上魔都那么大和繁华，但它有它的特点，它有它的魅力，更何况这是我土生土长的地方。我给老妈打了个电话，打了一辆车，在车上我接到了夏岳约我出去的电话。就这样，关于上海在第十八届新概念结束后正式落下了帷幕。

梦呓。

在写这篇纪行的时候我努力回想之前所经历过的事，有种断片的错觉。明明是前两天真实发生过的事情，可我却在写纪行的时候感觉那些事情像一个梦，就像歌词里唱的一样："仿佛昨天，可是昨天，已非常遥远，但闭上了双眼我还看得见。"这梦里的一切都变得十分琐碎，那些琐碎的情节一次次冲击着我的记忆。我没能完全把他们都写出来，也没能都写得详细，我力不从心。我只能把一些在写的时候能想到的事情描述出来，还有一些，例如去复印身份证，和孟男在雨夜里寻找特产，许航来房间探讨初赛，和乃琛一起玩拳皇，苏热给我看北大培文杯的官网，等等。这一切的一切在我回想起来的时候有种梦与现实的落差，我竟有种想哭的冲动。不得不说，我是一个痴人，而新概念是我的一个梦，是它让我在现实无边的黑暗中看见了一束光芒，我不允许任何人诋毁这束光。

这里是痴人，痴人在说一个并不复杂的梦，纪行写完了，天也快亮了。就连梦，也该醒了。

以上是一个痴人梦醒后的喃喃自语，我听见痴人还在说一句话：

“十八届新概念，再见。新生活，你好。”